Die Insel
Hiddensee bei Rügen

genannt

„Dat söte Länneken",
das „Ostseebad der Zukunft"
und das „Westliche Rügen".

Ein „Informations-Büchlein", den „Freunden" des Eilandes und solchen, die es werden wollen, wie meinem lieben Lothar S.

gewidmet vom

„Einsiedler von Hiddensee"
Alexander Ettenburg

(zu Vitte-Süd).

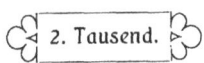
2. Tausend.

1912
Selbst-Verlag des Verfassers.
Preis 1 Mark.

Impressum:

© 2014 Tomas Güttler
Gestaltung Umschlag: Jacqueline Güttler
Verlag: tredition GmbH, Hamburg
ISBN Paperback: 978-3-8495-9996-6
ISBN Hardcover: 978-3-8495-9997-3
ISBN e-Book: 978-3-8495-9998-0

Das Werk, einschließlich seiner Teile, ist urheberrechtlich geschützt. Jede Verwertung ist ohne Zustimmung des Verlages und des Autors unzulässig. Dies gilt insbesondere für die elektronische oder sonstige Vervielfältigung, Übersetzung, Verbreitung und öffentliche Zugänglichmachung.

Einleitende Worte zur Neuauflage

Seit meiner Kindheit, in den späten 70er-Jahren, bin ich regelmäßig zu Besuch auf der Insel Hiddensee. Damals waren wir jedes Jahr im Mai die ersten Gäste des Krügerhof's in Kloster. Seit dieser Zeit bin ich, wie viele andere auch, der Insel verfallen und sehr häufig zu Besuch auf dem „söten Länneken". Inzwischen komme ich in schöner Regelmäßigkeit mit meiner eigenen Familie auf die Insel – allerdings immer zur Sanddornzeit im Herbst. Meine Kinder lieben die Insel und das Inselgefühl genau wie ich damals und schon mit dem Ablegen vom Hafen in Schaprode genießen wir die Luft, die Freiheit, das Loslassen…

Einen festen „Termin" auf der Insel habe ich allerdings immer. Gemeint ist ein Besuch in der Inselbuchhandlung auf dem Kirchweg in Kloster. Dort zu stöbern und mit dem Inhaber über Inselliteratur zu reden ist immer wieder wunderbar. Bei einem meiner letzten Aufenthalte kamen wir auch mal wieder auf den Einsiedler von Hiddensee – Alexander Ettenburg – zu sprechen und wie schwer es ist, an seine Werke über die Insel zu gelangen.
Nun ist mir vor einiger Zeit genau dies geglückt und ich wurde Besitzer der Ausgabe von 1912 des vorliegenden Werkes. Insgesamt wurden je Auflage (1905 und 1912) gerade mal 1000 Exemplare gedruckt. Viele davon existieren wahrscheinlich nicht mehr.

Der Zustand des mir vorliegenden Exemplars, welches die Grundlage für diesen Reprint bildet, war derart dürftig, zerfleddert und restaurierungsbedürftig, dass ich erstmals ein Buch eingescannt habe, bevor es neu gebunden wird.
In mühsamen Schritten haben wir das Buch, Seite für Seite aufwändig digitalisiert und die Dateien bestmöglich bearbeitet. Ziel war es ein ansehnliches, druckfähiges Werk als Faksimile herzustellen, ohne den Charme und die Gestaltung eines über 100 Jahre alten Buches zu verlieren.

Ein besonderer Dank gebührt meiner lieben Frau, die mit großer Geduld, viel Fleiß und Liebe zum Detail genau das geschafft hat.

Damit ist es nun möglich, das Werk des Einsiedlers von Hiddensee, den Freunden und Liebhabern dieser einzigartigen Insel, wieder in die Hände zu geben. Jetzt ist es möglich auf den Spuren von Alexander Ettenburg die Insel neu zu erkunden und somit eine längst vergangene Zeitepoche wieder lebendig werden zu lassen.

Möge das Büchlein das Andenken Alexander Ettenburgs bewahren und Ihnen, liebe Leserschaft, angenehme Stunden beim Schmökern und beim Träumen von Hiddensee bescheren.

Dresden, im September 2014
Tomas Güttler, Herausgeber

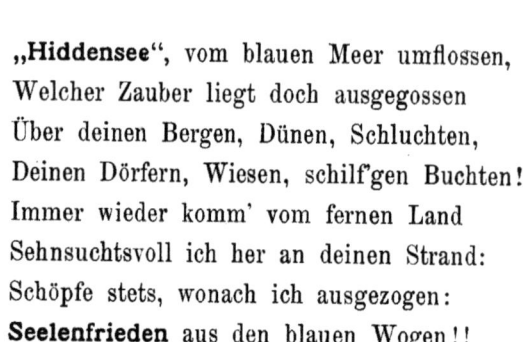

„Hiddensee", vom blauen Meer umflossen,
Welcher Zauber liegt doch ausgegossen
Über deinen Bergen, Dünen, Schluchten,
Deinen Dörfern, Wiesen, schilf'gen Buchten!
Immer wieder komm' vom fernen Land
Sehnsuchtsvoll ich her an deinen Strand:
Schöpfe stets, wonach ich ausgezogen:
Seelenfrieden aus den blauen Wogen!!

Dein dankbarer „Einsiedler"

Alexander Ettenburg.

Achtung!

Zur Erhärtung meiner beibehaltenen Schreibweise „Hiddensee" äussert sich mein Freund Johannes Rindermann, ein Forscher auf diesem Gebiete, wie folgt:

Der Name der Insel.

In der Literatur tritt Hiddensee zum ersten Male auf in der dänischen Geschichte von Saxo Grammaticus (1193), einmal in dänischer Form Hithinsö, viermal in lateinischer Form Hithini insula. Der lateinisierte Name Hithin heisst in der Edda, die dieselbe Geschichte wie Saxo erzählt, Hedin. Der Name bedeutet also: Hedinsinsel. Dasselbe bedeutet in der Edda (Helgakvidha Hundingsbana in fyrri, II 22) Hedinsey, das aber schwerlich auf unsere Insel zu beziehen ist. In dem Kataster der Pfarren Rügens (um 1300) zu Roeskilde wird sie Huddentze genannt. Aber schon 1296, in der Stiftungsurkunde des Klosters, heisst sie Hyddensee, und diese Schreibung hat sich, nur mit der Aenderung des ersten Vokals, trotz anfänglichem Schwanken, durchgesetzt. In den Jahrhunderten dänischer, reichsdeutscher und schwedischer Herrschaft heisst die Insel Hiddensee und hat diesen Namen 1813 beim Uebergange an Preussen behalten[*]. Namen geben nur selten die Bedeutung des Gegenstandes wieder, sondern entstehen aus geschichtlicher Entwickelung. Die neuerdings aufgekommene Schreibweise Hiddensoe will die dänische Endung wiederherstellen, schreibt sie aber weder dänisch noch deutsch (vgl. Duden, Vorbem. I über ä, ö, ü), sondern lateinisch und lässt den halben Namen Hidden, der aus dem alten Hedin oder Hithin entstanden ist, in der echten Halbheit des Fremdwörtlers unberücksichtigt. Der einzige berechtigte Name ist der geschichtlich gewordene: Hiddensee.

---

[*] Im Bureau des Herrn Paul Holtfreter, Stralsund, hängt ein alter Kupferstich der Stadt aus dem Jahre 1654, auf welchem die Insel mit Hiddensee bezeichnet ist.

Der Herausgeber.

Inhalts-Verzeichnis.

Seite.
1. Vorwort zur 2. Auflage (2. Tausend) 7
2. Einleitung 11
3. Stralsund, Reise- und Fahrgelegenheiten hin und zurück und im Anschluss an Rüben 15
4. Ostseebad Kloster 22
5. Aufstieg zum Berglande 25
6. Die „Hiddenseeer Riviera" und „Swantewit-Schlucht". . 27
7. Der „Einsiedler" und sein ehemaliges Tuskulum „Bergwaldkolonie Tannhausen". 29
8. Ostseebad Grieben 34
9. Der Leuchtturm und die Signal-Station 35
10. Ostseebad Vitte und Strandrestaurant Vitte-Süd 40
11. Hiddenseer Fähr-Insel und Restaurant „Heiderose" . . . 47
12. Die „Süder Dörfer" Neuendorf-Plogshagen 50
13. Ausflüge zu Wasser und zu Lande 53
14. Hiddenseeer „Natur-Theater" und sonstige Unterhaltungen 60
15. „Geschichtliches" und die „Goldfunde", „Geologisches" 62
16. Schlusswort 73
17. Verzeichnis der Schriften des Einsiedlers A. Ettenburg 78
18. Fahrpläne und Taxen 81-82
19. Geschäftlicher „Führer" durch Hiddensee, Stralsund und Rügen 79-123

P. S.

Der Verfasser bittet das geehrte Reisepublikum, den „ganz korrekten" Geschäftsführer fleissig zu benützen, und in den Gasthäusern sich auf dies Buch und seine Person zu berufen. Man bittet um freundliche Weitergabe des Werkchens an den Freundes- und Bekanntenkreis.

Der Verfasser.

Vorwort zur 2. Auflage.

2. Tausend.

Wohl rauscht nicht mehr der Tannenwald
Zur Klause mir herein;
Dafür das Lied der Woge schallt
Zu mir durchs Fensterlein!
Und über mir, so lieb und traut,
Die Lerche singt ihr Lied:
Sie grüsst, wie ich, dich „Wellenbraut",
Und — alle Sorge flieht!!

Vitte Süd 1911.   **Alex. Ettenburg.**

Sechs volle Jahre sind dahingegangen, seitdem ich die Feder niederlegte und dies bescheidene Büchlein dem Buchhandel und somit dem grossen Publikum übergab. Die erstgedruckten 1000 Exemplare sind heute vergriffen und machen eine Neuauflage meines Werkchens notwendig. Denn schon nach Zehntausenden zählen heute Hiddensee's Freunde und Bewunderer draussen in Gottes schöner, weiter Welt! Auf beiden Halbkugeln unserer Erde wohnen sie, und in wieviel Zeitungen und Journalen des In- und Auslandes wurde wohl in diesen letzten 6 Jahren der Name meiner einst so unbekannten und stillen Insel, und immer mit ihr: der ihres getreuen „Einsiedlers" und nimmer müden Barden, genannt und abgedruckt! Hiddensee und Alexander Ettenburg — diese Namen klingen zusammen wie ein Vollakkord. Man kann sich den einen nicht mehr recht denken ohne den andern. Und dennoch wollte man uns trennen und auseinanderreissen, für immer! Aber das Schicksal war einsichtsvoller als der Verstand und das Herz der hier regierenden Menschen, der sogenannten „leitenden Kreise" — und die Zusammengehörigen blieben beieinander — Hiddensee, und sein Einsiedler — und so Gott jetzt will, für immer. — Im Herbst 1909 verlängerte das Provisorat, d. h. die Verwaltung des Stralsunder Heilgeistklosters, meinen, von

Jahr zu Jahr laufenden, Pachtvertrag für die innegehabte Bergwaldparzelle nicht mehr — und der Einsiedler war gezwungen, laut § so und so seines Pachtvertrages, seine mühsam und unter vielen persönlichen Opfern errichteten hölzernen Baulichkeiten zum 1. November 1910 abzubrechen! Ein Anderer hatte eben das Zehnfache der bisherigen Pachtsumme, die man ihm einst 1898 abgefordert, geboten! Das genügte ja, mich zu verabschieden so schlicht wie möglich. Der Mohr hatte eben seine Schuldigkeit getan. 1898 sollte die Insel 300 000 Mk. — und im Herbst 1910, also nach 13 Jahren, 800 000 Mk. kosten! — Doch das war noch nicht alles! Am 31. Oktober endete mein Pachtvertrag auf Hiddensee — und am 13. Oktober erst entschied der Kreisausschuss zu Bergen auf Rügen mein ferneres Schicksal dahin, dass man mir, der auf Hiddensee einen „Wertzuwachs" von einer halben Million hatte schaffen helfen, der dort 16 Jahre uneigennützig und unermüdlich fürs Allgemeinwohl geschafft und erfolgreich gestrebt hatte, einen schon perfekten Terrainankauf zwischen den Ostseebädern Sellin und Baabe auf Rügen zur Unmöglichkeit machte, indem man mir die nachgesuchte Konzession für einen Restaurant-Betrieb in letzter Stunde noch, mit der Begründung der Bedürfnislosigkeit für eine solche dort, versagte! Kurz entschlossen nahm ich nun das mir schon vorher gemachte liebenswürdige Anerbieten des Herrn Landrat Hoffmann zu Pyrmont, der durch meine indirekte Vermittelung sich auf Hiddensee angesiedelt und grössere Ländereien auf der Insel besitzt, an! Als Gast des edlen Mannes lebe ich jetzt, seit dem November 1910 auf einem Dünengrundstücke am Südstrande von Vitte, dicht an der hier nimmermüden Brandung meiner über alles geliebten Ostsee! Vom Süden grüssen hier die malerischen weissen Wander-Dünengebilde, von Norden das dunkle, wohlbekannte Bergland und sein Feuerturm und das nachbarliche Vitte mein kleines Holzhäuschen, „Einsiedelei Mathilde", in dessen traulichen, eigenartigen Räumen es sich so wundervoll plaudert, wenn draussen die Wogen der Ostsee schäumen und brüllen, oder mildes Lampenlicht den Urväterhausrat umschwebte, der mir vom schattigen Bergwald hierher zum schaumgesäumten Vitter

Südstrande folgte. Auch „Hansi", der Esel, fehlt nicht, noch der allen Besuchern der Insel wohlbekannte, zweirädige Bergwagen, noch das wallende „Waldgewand" des Einsiedlers, das jetzt zum weissen „Strandtalare" geworden und das mich einmal umhüllen soll, wenn ich meine gichtkranken Glieder zur letzten Ruhe in meinem „Verbrennungssarge" ausstrecken darf, den ich 27 Jahre schon besitze und auf dessen Deckel ich, in den Saisonwochen, mein Nachtlager eingerichtet habe. Denn seit Sommer 1911 habe ich meine stille „Einsiedelei" zum viel besuchten „Strandrestaurant und Café" umgewandelt. Und so solls weiter bleiben, auch wenn ich hier einmal abbrechen muss. Dann siedele ich mich, 400 Schritt weiter südlich, an — und das auf meinem Eigentum und nicht mehr als Gast! — Kommt heute aber einmal eine finstere Erinnerungsstunde über meine, alles mit seltener Treue festhaltende Künstlerseele, — dann blicke ich hinüber zum dunklen Bergwalde! Dort ragt die von mir so getaufte Bismarckdüne in einsamer Grösse und silbernem Schimmer über dem Föhrenwalde am hohen Nordstrande empor. Und von da eilt mein Geistesblick zum einsamen grossen Todten im fernen Sachsenwalde. Dann muss ich, unter Tränen vielleicht, lächeln und mir immer wieder tröstend sagen: Vergiss doch nicht, dass du ein Deutscher bist, und Hiddensee ein Teil deines so innig geliebten Vaterlandes! „Wer kann dafür?" — Steigt aber die Sonne vom leuchtenden Abendhimmel in die wogenden Meeresfluten am fernen Horizonte — dann wirds still in meinem Sinnen, wie draussen auf dem Meere, wenn die Winde schweigen. — Beim Anblick dieses herrlichen Schauspiels und angesichts des mich hier rings umgebenden, so überaus einfachen und doch so grossartigen Naturgemäldes, fühle ich, dass ich in den 17 Jahren meines Hierweilens doch vieles überwunden habe! Tief brennt aber noch immer der eine Wunsch in meiner Seele: vereint bleiben zu können mit meinem stillen Hiddensee — vereint bis zum Sterben! Möge dieses Wünschen deines Einsiedlers zur Wahrheit werden! Er ist und bleibt ja doch einmal ein „Sonntagskind", geboren unter Orgelton und Glockenklingen! — Meinen alten Bergwald, in dessen Schatten ich 13 Sommer gehaust, möchte ich, vorerst wenigstens, nicht wieder sehen und betreten. Wozu alte Wunden bluten machen, die das nimmermüde Meeresrauschen am Vitter Südstrande schloss und stillte?

Vitte-Süd.   **Alex Ettenburg.**
„Der Einsiedler von Hiddensee."   (Sommer 1911.)

Ich danke dir, waldumrauschte Höh,
Für schwere — für freudvolle Stunden!
Ich suchte dich dort, Hiddensee — —
Und habe — mich gefunden!! —

I.

Kennt Ihr das Ländchen, lieblich und traut,
Von schäumenden Wogen der Ostsee umblaut?
Im Westen von Rügen türmt es sich auf,
Ein Bollwerk der Insel, zieht Sturmflut herauf!
Grün seine Wiesen, duftig sein Wald,
Lieblich darüber Lerchensang schallt!
Dort wohn' ich einsam am Vitter Strand
Als der „Einsiedler" „söten Land"
O Hiddensee, mein Heimatland
Wie bist du leider noch unbekannt!

Mit diesen Versen pflegt der Verfasser sich und die geliebte Berginsel in seinen bekannten „Hiddenseer Original-Vorträgen" dem Publikum vorzustellen, angetan mit dem langwallenden Gewande des „Einsiedlers", oder mit der alten, längst vergessenen, von ihm aber wieder belebten „Volkstracht" des weltentlegenen Ostsee-Eilandes an Rügens flacher Westküste. Aber so ganz zutreffend ist dies Gedichtchen, dank meiner unentwegten Agitationstätigkeit und unter Mithilfe vieler anderer „Federmenschen", doch wohl nicht mehr, und: „Gott sei Dank", möchte ich im Hinblick auf die tief darniederliegende Fischerei der Insulaner freudigen Herzens hinzufügen! Sind „Land" und „Einsiedler" in den letzten zehn Jahren einander auch treu, und sich selber in ihrem Urtypus gleich geblieben: das „Unbekanntsein" beider ist für immer entschwunden, der Fremdenverkehr auf Hiddensee in stetem Wachsen begriffen, sodass die Zahl der „Sommergäste" 1903 schon 1000 betrug, in der Saison 1904 sogar auf über 1500 angewachsen ist, uneingerechnet die ca. 40,000 „Extrafahrer", welche in den letzten 2 Jahren allsommerlich Hiddensee flüchtig besuchen! Und dies Resultat ist um so überraschender, weil auf Hiddensee selbst so gut wie nichts zu Nutz und Frommen der Fremden seitens der Einwohner, leider! — leider! — geschehen ist! Kein „komfortabler Hotelbau" mit splendider „Wirtstafel", kein geräumiges und zeitgemässes „Logierhaus" — die wenigen

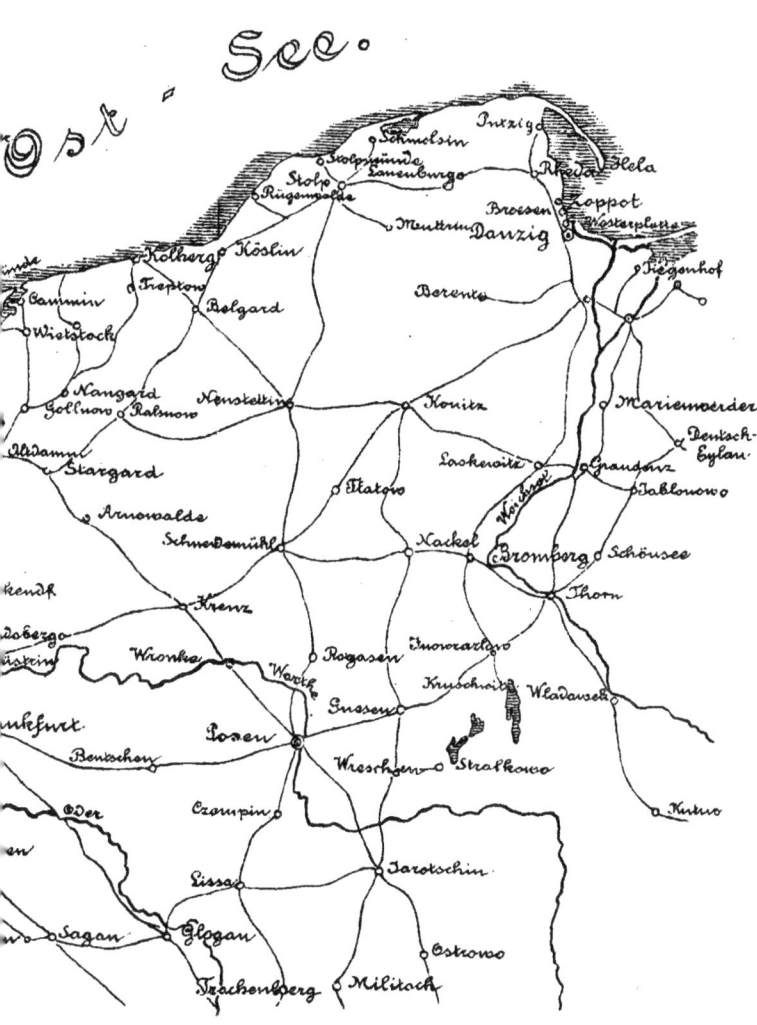

unfertigen Neubauten kamen im Sommer 1904 absolut nicht in Betracht — keine bequemen Badeanstalten, keine gebahnten zahmen Promenaden- oder Klinkerstein-Wege bietet unsre idyllische Insel ihren Sommergästen! Und doch wuchs die Zahl derselben bereits tief ins „zweite Tausend" hinein, wird jetzt ihr Name mehr in den Tageszeitungen genannt, bringen illustrierte Familien-Zeitschriften Abbildungen und Beschreibungen vom „söten Länneken"! Viele, sehr Viele sogar kommen wieder und führen neuen „Zuzug" mit, oder senden Freunde und Bekannte zu uns! — Und alle, alle finden seltsamerweise, trotz der so wenig gebotenen Bequemlichkeiten in unsern einfachen Gasthäusern und schlicht sauberen Fischerwohnungen ihre Rechnung, und ziehen schweren Herzens von dannen — — erfüllt von den ganz unbeschreiblichen Reizen dieses weltentlegenen eigenartigen Insellandes mit seinen flachen, grünen Wiesen und bunten Heideflächen, mit seinem in wundervollen Linien sich aufbauenden Berglande — das um so jäher und schroffer an der entgegengesetzten Seite in grandiosen Zerklüftungen zur Ostsee abstürzt, geküsst von ihren hier nimmer müden Wogen, und gekrönt von seinem 8 Meilen weit sichtbaren Feuerturme und seinem duftenden, von blühendem Unterholz durchsetzten Föhrenwalde!

Und auch ihm, meinem berühmten schlesischen Landsmann erging es wie mir und tausend anderen naturschönheitsdurstigen Menschenseelen! Fünfmal weilte **Gerhard Hauptmann** auf Hiddensees Boden: Hier vollendete er die letzte grössere Hälfte seiner „Versunkenen Glocke", arbeitete er am „Armen Heinrich", und entlehnte er die Namen „Schluck und Jau". Hier, auf der terra incognita Hiddensee empfand der Dichter der „Einsamen Menschen" die gewaltige Macht weltfremder, **sich selbst befreiender Einsamkeit!**

„Weilst Du allein im Bergwald und am Strand,
Dann faltet zum Gebet sich Deine Hand:
Nicht Worte, Fühlen und Gedanken ringen
Aus Deiner Brust sich, himmelwärts zu dringen!
Und Du bist gut, weisst tief dich „Gott verwandt!"
Das wirkt der „Zauber" hier auf meinem Land:
Ein jedes Menschenkind wird ihn empfinden,
Doch — keines seine Wesenheit ergründen!"

A. Ettenburg.

O du unfassbarer „Zauber", der du „Fee Hidde's" duftigen Schleiern und Gewändern entströmst, wenn sie in stiller, wellendurchtönter Vollmondnacht lautlos ihr Inselreich durchzieht, — wer vermöchte dich zu schildern?! Ich hab's versucht -- aber weit — weit ab blieb ich vom Ziele!!

Berlin, Frühling 1905.

II.

Stralsund:

Kennst Du die Stadt am Sunde, die schöne, die alte Stadt,
Die auf dem Wappengrunde drei silberne Strahlen hat?
Kennst Du die Stadt am Meere? So tu den Namen kund!
Sie ist es, die stolze, die hehre, die Hansastadt Stralsund!!

(Komponiert v. *A. Baumgart*-Berlin.)   (Von *Marie Elisabeth Jasmund*.)

Die Insel **Hiddensee** wird vom Binnenlande her am besten über **Stralsund** erreicht. Man verlange aber nur Fahrkarten bis „Hauptbahnhof", um dann per „Droschke" oder mit der „Elektrischen" zur „Dampferstelle am Hafen", zu fahren, nicht zum „Trajekt-Hafen-Bahnhofe"! Man gebe bezüglich der Durchgangs-Billets genau an wohin, d. h. nach welcher „Dampferstation" der Insel, ob nach „Vitte" oder nach „Neuendorf—Kloster—Grieben" man zu reisen beabsichtigt. Denn nur auf diese Weise können Verwechslungen der Dampfer resp. des Gepäcks vermieden werden, da alle ausgegebenen Fahrkarten nur die eine Bezeichnung „Hiddensee" tragen werden, die näheren Bestimmungen also erst vom reisenden Publikum getroffen werden müssen! Erlaubt es die Zeit so ist ein Rundgang durch die alte „Hansastadt" mit ihren interessanten Bauwerken, z. B. die Marien- und Nicolai-Kirche (in den Vormittagsstunden der Saison-Monate kostenlos geöffnet), das Rathaus mit dem neuvorpommerschen „Provinzial-Museum" (ebenfalls kostenlos geöffnet), dessen Hauptzierde der berühmte „Hiddenseer Goldschmuck" ist, das Johanniskloster unweit des Hafens, mehrere gothische Giebelhäuser und alte Tortürme äusserst lohnend, ebenso eine Promenade vom Bahnhof her durch die herrlichen „Teich-Park-Anlagen" und die sogenannte „Brunnenaue" hinunter zum Hafen. Dort bildet die Glas-Veranda des „Fähr-

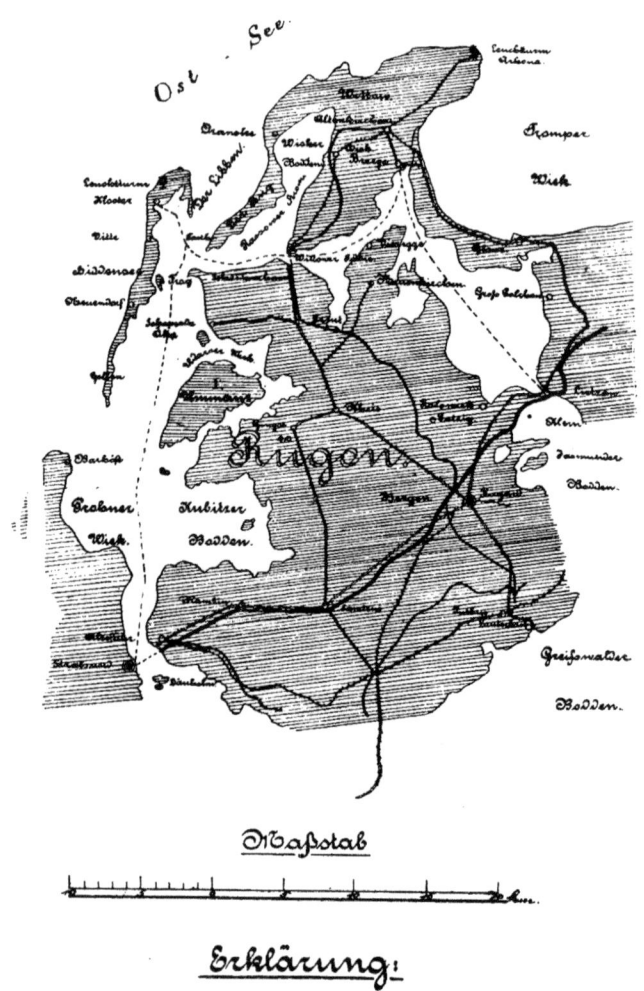

Übersichtskarte
zu den Dampfer- und Motorbootfahrten.

Hotels" mit ihrem freien Blick über die blauen Fluten des hier
$^3/_8$ Meilen breiten Strelasundes eine angenehme „Warte-
halle" bis zum Abgang der hier anlegenden 6 Hiddenseer Dampfer, falls der Reisende es nicht vorziehen sollte,
sich in dem altehrwürdigen „Ratskeller" oder in einem
guten Restaurant oder Hotel der inneren Stadt zu erfrischen, oder aber dem Stralsund gegenüber liegenden, stündlich mit der Stadt per Dampfer verbundenen Seebade
„**Altefähr**" auf Rügen, dem früheren Wohnsitze des „Einsiedlers" von Hiddensee, einen flüchtigen Besuch abzustatten,
um von hier aus einen wundervollen Blick auf die alte
„Wallenstein-Stadt" und die umliegenden Küsten zu
geniessen.

Die Fahr-Gelegenheiten nach Hiddensee bilden:
 1. Post-D. „Caprivi", Kapt. Bentzien, welcher
in den Sommermonaten täglich die Landungsbrücke in Vitte auf Hiddensee auf seinen regel-
mässigen Fahrten von Wiek a. Wittow (die nördlichste
Rügensche Halbinsel mit Arkona) nach Stralsund und
umgekehrt, verbindet, und zwar solange es die winterlichen
Eis - Verhältnisse ihm erlauben. Durch diese, etwa
6 Jahre bestehende, Dampfer-Verbindung: Stralsund—
Vitte—Wiek a. Wittow, wie durch die Eröffnung
der Wittow'schen Kleinbahn: Bergen-Altenkirchen
ist den Rügen-Reisenden ein neuer und bequemer Zu-
gang nach Arkona geschaffen worden, da auch Wiek
Kleinbahnstation ist, und die Entfernung zwischen Altenkirchen und Arkona via Puttgarten zwei knappe
Wegstunden für einen mittelmässigen Fussgänger beträgt.
Leider wird diese neuere Reiseroute vom Touristen-
Publikum Rügens hin oder zurück, weil noch zu unbekannt, auffallend wenig benützt. „Caprivi" verlässt
(s. Fahrplan im Inseratenteil) in den Saison-Monaten um
$3^1/_4$ Uhr nachm., den Stralsunder Hafen.

2. Der mit dem Sommer 1912 eingestellte Salon-D.
„Falke", (ebenfalls Kapt. Bentzien-Wiek a. Rg.,) verlässt
früh 8.30 den Stralsunder Hafen, läuft erst Vitte an um
gegen Mittag in Wiek a. Rg. die Anschlüsse an die
Kleinbahnzüge von und nach Bergen-Altenkirchen prompt
zu erreichen. Gegen Abend verlässt der „Falke" dann
wieder Wiek, holt in Vitte die dort abgesetzten Tages-

passagiere ab, um die Bahnzugsanschlüsse der Stralsunder Abendzüge dort ebenfalls zu ermöglichen (s. Fahrplan). Diese neue Verbindung bringt einen neuen Touristen-Weg Stralsund - Hiddensee - Vitte - Wiek - Arkona zustande; denn von Arkona finden die Touristen regelmässige Anschlüsse durch die Rügendampfer nach Sassnitz hin und zur weiteren vielbesuchten Ostküste der Insel. „Caprivi" und „Falke" sind die besten Dampferverbindungen nach dem kleinen Seebade Dranske a. Rg. (s. Fahrplan). Eine Wagenverbindung Arkona-Wiek wird geplant.

3. Vermittelt D. „Käthe" Inhaber Spediteur H. Faust jun., Stralsund, Wasserstrasse, mehrere Male wöchentlich die Verbindung zwischen der südlichen Ostküste Rügens mit ihren Badeorten „Binz", „Sellin", „Göhren", „Thiessow" und „Baabe" von letzterem Orte aus mit der Westküste der Insel: mit „Hiddensee" nämlich, jedesmal Stralsund hin und zurück anlaufend, und einmal in der Woche von Hiddensee aus die Fahrt bis Breege-Arkona ausdehnend (s. Fahrplan im Inseratenteil). Leider ist auch dieser ganz neu entstandene Wasserweg des Dampfers „Käthe" zwischen der „Ostküste" Rügens resp. der Halbinsel Mönchgut, dem Hafenorte „Lauterbach" bei Putbus, „Stralsund", „Hiddensee" und evtl. „Breege-Arkona" für die Gäste der vorgenannten Ostküsten-Bäder ein noch recht unbekannter und wenig benützter, aber ausserordentlich zu empfehlender, weil er, evtl. gleichfalls auf „Arkona" endend, eine „Ring-Verbindung" um den südwestlichen Teil Rügens bildet, denn von „Arkona" hat der Reisende in der Saison täglich Dampfer-Anschluss über Lohme, Stubbenkammer, Sassnitz nach Binz und Göhren zurück, wodurch dieser Tour der Charakter einer kompletten „Rundreise um Rügen" gegeben ist.

4. u. 5. vermitteln die 2 Salondampfer „Strelasund" und „Hiddensee" des Herrn Aug. Prätz-Stralsund die Verbindung mit dem Hafen dieser Stadt und der südlichsten Ortschaft auf Hiddensee, dem idyllisch gelegenen Fischerdorfe Neuendorf, dass sich seit 5 Jahren ebenfalls einer festen Brücke erfreut und neben Vitte und Fährinsel die 3. Station bildet, mit Hilfe dieser man zum

„Einsiedler" von Hiddensee gelangen kann. Von Neuendorf gehen die Dampfer nach Kloster-Grieben weiter, legen aber auch einmal täglich auf der Hin- und Hertour am Bollwerk des Kirchdorfes Schaprode a. Rg., gegenüber von Hiddensee, regelmässig an, wodurch unsern Sommerfreunden dieser angenehme Tagesausflug recht erleichtert wird (s. Fahrpläne). Beide Dampfer fahren nur wochentags ihre Touren, unternehmen aber Sonntags, wie die andern 4 Dampfer, ebenfalls Extrafahrten von Stralsund und in die Umgebung Hiddensees.

6. D. „Germania" welcher das Ostsee-Bad „Breege" a. Wittow mit Stralsund täglich und regelmässig verbindet und seine Hiddenseer Passagiere an der Hiddenseer „Fähr-Insel" — ein kleines, von nur 2 Familien bewohntes Separat-Eiland, im Binnenwasser zwischen Hiddensee und Rügen liegend, und die uralte Ueberfährstelle dorthin bildend — ab- und anbotet, was aber nur für die, den südlichen Teil Hiddensees bewohnenden Sommergäste, z. B. für die Bewohner der „Fähr-Insel", „Heiderose" und die Besucher des „Einsiedlers" sich empfehlen dürfte.

7. Eine siebente Verbindung bewerkstelligen die Boote der Breeger Motorbetriebs-Gesellschaft G. m. b. H. von Lietzow a. Rg., Station der Bergen-Sassnitzer Hauptbahn, via Breege nach Hiddensee herüber, d. h. nur mehrere Male die Woche und leider noch immer nicht täglich! Durch diese Verbindung ist ebenfalls eine neue Verkehrslinie zwischen der Ost- und Westküste Rügens wieder eingeleitet worden, wie sie schon einmal im Jahre 1905 von der Büsson'schen Gesellschaft ins Leben gerufen war, und wodurch gerade diese lieblichen Gestade des wundervollen Jasmunder Boddens dem reisenden Publikum erschlossen werden, z. B. Vieregge am Fusse des Hoch-Hilgoor mit seinen prachtvollen Fernsichten gelegen, wie Breege mit Arkona und von hier dann weiter, via Wiek mit dem „Caprivi" und „Falke" hinüber zur Einsiedler-Insel Hiddensee. Die Boote werden Kloster-Grieben und Vitte auf Hiddensee ab jetzt anlegen.

8. Für „Fussreisende" oder „Radfahrer" muss die Verbindung von der Kleinbahn-Station der Alten-

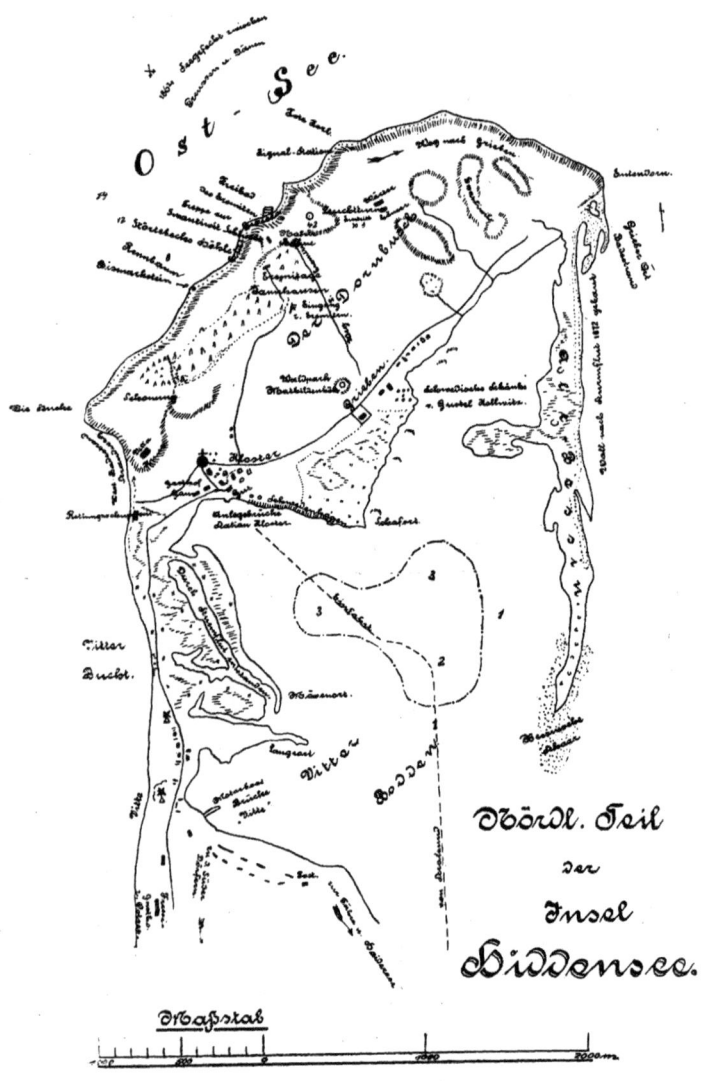

kirchen-Bergen-Linie von Trent über das Rittergut „Poggenhof" nach „Seehof" erwähnt werden. Hier an der Küste des Binnenwassers angelangt, wird man im Segel- oder Ruderboot nach der „andern Seite" hinüber, von den Bewohnern der Hiddenseer „Fährinsel" abgeholt, (à Person 50 Pfg.) Die Fusstour von „Trent" bis „Seehof" muss auf reichlich 2 Stunden veranschlagt werden. Seehof hat Telephonverbindung zur Fähre und beide Uferseiten kleine feste Brücken.

9. Für „Freunde des Segelsports" ist es vielleicht angenehm, zu erfahren, dass die in Stralsund verweilenden Hiddenseer Fischerboote öfter und gern uns Fremde zuführen. Man tut gut, im Stralsunder Hafen an der sogenannten „Fischbrücke" Umfrage nach „Hiddenseer Fischern zu halten, und gleich einen festen Fahrpreis auszubedingen.

Leider befinden sich in den älteren Ausgaben der „Rügenführer-Literatur" Berichte über „Das söte Länneken", die nichts weniger dazu angetan sind, unsrer romantischen Insel Freunde und Besucher zu erwerben, und nur so ist es zu erklären, dass diese „Perle der Ostsee" wie das ganze „westliche Rügen" bisher so gänzlich unbekannt, unbesucht und weltvergessen blieb. Erst mir, Hiddensees getreuem „Einsiedler" war es vergönnt, durch „Schrift und Wort" dem heissgeliebten Lande neue und viele Freunde zu werben und zuzuführen! Wurde ich auch vor 17 Jahren noch verlacht und verspottet mit meiner „Vorliebe für Hiddensee", so teilen heute doch schon Rügensche Reisebuch-Schriftsteller meine Ansichten. So schreibt u. a. Otto Wendler in seinem illustrierten Werke „Um und durch Rügen", (Verlag: Ferd. Becker, Bergen a. Rg. und Sassnitz):

„Wir besteigen jetzt im Stralsunder Hafen einen Dampfer, um, nordwärts fahrend, der Insel Hiddensee unsern Besuch zu machen. Zwischen den beiden etwa 3 km von einander entfernten Küsten des Pommerschen Festlandes und Rügens geht die Fahrt schnell vorwärts. Immer tiefer sinkt Stralsunds Häusermenge, nur die Türme verlassen uns nicht, sie senden ihren Gruss weit über das Binnenmeer dem Scheidenden nach. Vor uns im Norden ragt ein Bergrücken auf. Immer deutlicher treten seine Umrisse hervor; es ist der sogenannte „Dornbusch" auf Hiddensee. Aber was ist das? Plötzlich scheinen vor uns über dem Meere, wie eine Fata Morgana, Dinge zu schweben, die wir uns nicht zu deuten wissen. Jetzt kommen wir näher. Die Erscheinungen nehmen Häuser- oder Hüttengestalt an, aus den Dächern sehen wir Rauch sich aufkräuseln, Menschen müssen dort wohl hausen, und doch scheinen diese sonderbaren Gebilde wirklich in der Luft zu hängen. Aber das Rätsel löst sich jetzt vor unsern Augen, wo wir an der Insel Hiddensee entlang fahren. So flach nämlich ist dieser nach Süden sich erstreckende Teil des $2^{1}/_{2}$ Meilen langen Eilandes mit seinen Doppel-Ortschaften Ploggshagen und Neuendorf, dass man zunächst nichts von dem Grund und Boden sieht, den oft genug Sturm- und Springfluten bedrohen: nur die höheren Häuser erblickt man, und sie eben scheinen über dem blauen Spiegel des Meeres zu schweben."

III.

Nicht weit von Rügen hingestreckt
Sich lieblich, schön ein Eiland reckt:
Ein „Kloster" trugs in alter Zeit —
Jetzt ist es Malers Augenweid';
Denn neben tiefem Waldesgrün
Sich Felsen malerisch hinzieh'n:
Und um das Ganze schlummert heut
Die „Poesie der Einsamkeit".

(Aus dem Fremdenbuch zu „Tannhausen".)

Sind wir mit den Dampfern „Hiddensee" und „Strelasund" am Bollwerk der Ortschaft „Kloster" gelandet, empfangen von zahlreichen Einwohnern und Sommerfremden, welche, teils geschäftlich, um die vormittags bestellten Warenpakete abzuholen, teils aus Neugierde hergewandert sind, um die neu Angekommenen durch die Hiddenseer „Läster-Allee" Revue passieren zu lassen.

Kloster ist die bekannteste Ortschaft der Insel, wenn auch bei weitem nicht die grösste. Es bildet mit dem benachbarten kleinen Grieben einen selbständigen Gemeindebezirk, nennt sich noch nach der alten Cisterzienserkolonie, umschliesst ein etwa Tausend Morgen zählendes Land-Areal, welches Eigentum des Stralsunder „Heilgeist-Klosters" ist, dessen Güter von einem sogenannten „Provisorate" verwaltet werden, dem ein dortiger Ratsherr zu präsidieren pflegt. Das weitläufige Gut ist verpachtet. In dem neuerbauten Wohnhause werden ebenfalls Sommergäste aufgenommen. Ausser den Gutsgebäuden, von denen einige zu Ende der neunziger Jahre durch Feuer zerstört wurden, und sich heute, leider modern, aufgebaut zeigen, umfasst der Ort nur wenige Bauwerke: die turmlose, schlichte Kirche, das von einem parkartigen Garten umgebene geräumige Pfarrhaus, die Küsterei und Schule, die Strandvogtei, und das altrenommierte kleine Gasthaus von „Vater Schliecker", dessen Inhaber jetzt sein Enkelsohn Paul Gau ist. Es ist ersichtlich, dass diese wenigen Häuser einem grösseren Fremdenverkehr nicht gewachsen sein können: die Folge hiervon war das Aufblühen Vitte's und Grieben's als Ostseebäder, und unerfindlich will es mir erscheinen, dass Gelände-Ankauf und Baulust in Kloster, trotz meiner Agitationen, sich erst in den letzten Jahren zu regen begannen, wie der Augenschein beweist.

Herrenhaus des Gutes Kloster.

Mit seinen weitläufigen, sanft ansteigenden und vor Sturmfluten sicheren Vorhügeln des Dornbusch-Hochlandes bietet Kloster ein treffliches und weit ausgedehntes Bauparzellen-Gelände, das sich, terrassenförmig ansteigend, bis zum Rande des dunkelgrünen Bergwaldes erstreckt und Aussichten und Freiheit zum Entfalten bietet, wie ich es noch in keinem anderen Seebad auf Rügen gefunden! Es herrscht absolut keine Notwendigkeit auf Hiddensee, Haus auf Haus zu packen, um mit dem Grund und Boden zu geizen! Jede dieser vielen Bergkuppen und langgestreckten Hügelrücken z. B. bietet ein herrliches Stück Bauland, indess die flachen Täler zwischen ihnen natürliche Fahrstrassen und Zugänge bilden. Nur geschickt „erschlossen", durch neue „Hauptstrassen-Anlagen, welche in die vorhandenen „öffentlichen Wege" einmünden, müssen diese Baugelände werden, die nach hunderten zählen. — Dazu kommt noch, dass die Berggelände vorzügliche und ausgiebige **Trinkwasser-Verhältnisse** ergeben haben, wie die vorhandenen Brunnenbohrungen augenscheinlich beweisen können; auch sind die jetzt noch geforderten Preise (pro ☐mtr.) für Bauland seitens des „Kloster-Provisorats" in Stralsund **mässige** zu nennen. Keine eleganten, asphaltierten Strandpromenadenwege, wie sie Binz und Heringsdorf aufweisen, werden jemals den „Weststrand" zwischen Kloster und Vitte und Vitte-Süd, welchen heute niedere, mit Silberdisteln bewachsene Dünengebilde säumen, zu entstellen vermögen — — —: die wenigen Stunden einer einzigen Sturmflutnacht, wie die vom 30. zum 31. Dezember 1904 würden genügen, um das Werk eitlen und spekulativen Menschengeistes zu vernichten und hinwegzuspülen!! — — Hiddensee ist eine „Jungfrau", die sich keine Gewalt antun lässt! Stolz — unnahbar — unberührt — nur von der Welle der Ostsee geküsst und sich ihrer Umarmung hingebend, bietet sich das „söte Länneken" seinen Besuchern dar, die nicht vergebens hierherkommen, die Körper und Seele stärken und erfrischen werden in seiner reinen Gottesluft! Nur „bescheiden ausgleichend" **kann** und **darf** Menschenhand und -Geist hier schaffen und wirken —, wehe ihrem Gebilde, wenn es „umgestaltend", wenn es „modernisierend" schaffen wollte! Man würde der „Perle der Ostsee" ihren Glanz rauben — und „Perlen" sind bekanntlich dann **wertlos** geworden.

So wenigstens denke ich mir Hiddensees Entwicklungsgang und das Aufblühen des Ostseebades „Kloster", das bereits seinen Anfang genommen hat durch die 1904 erfolgte Erbauung des Maler **Kruse**'schen Felsenschlosses (privat) am hohen Weststrande, sowie durch die dort im nordischen Stil errrichtete Villa (mit Pension) des Herrn **Rindermann**, die beide von renomierter Künstlerhand entworfen sind, indess dicht am Orte Kloster, im Schatten alter Bäume, Herr **Emil Hirschfeld** und sein Schwager, Herr **Schliecker**, moderne Logierhäuser errichtet haben, zu denen noch die Villa des Herrn Ritter-Stralsund kommt. Ganz neuerdings hat Herr Osk. Kruse grössere Landstrecken am hohen Uferrande verkauft und wird hier oben ein grosses zeitgemässes Hotel mit 70 Zimmern seitens des Unternehmers geplant (1913).

„Haus Rindermann".

Ferner baut sich schon im Sommer 1912 Herr Maler H. v. Sydow in derselben Gegend privatim an, indess unten am Dampferbollwerk, seit 3 Sommern, das komfortable Hotel „Haus Hitthim" von C. Häckermann errichtet wurde, die sämtlich regen Besuches sich seither erfreuten. Auch Herr Paul Gau plant einen zeitgemässen Neubau neben seinem traulichen „alten Hause", und auch auf dem Wege zum Badestrande wird der jetzige Inhaber des neuen „Bergwaldhotels" einen zweiten Hotelbau in Villenform hinstellen. Dicht am Klosterstrande auf mässiger Anhöhe laden die Pavillons des Herrn Schriftsteller Jürgenson zu behaglicher Einkehr in wohnlichen Räumen die Fremden zu längerem Bleiben ein.

IV.

Wie ruht sichs gut auf deinen Höh'n,
Mein liebes Hiddensee!
Die Wolken segeln still und schön
Und fernher sendet ihr Getön
Die Brandung, weiss wie Schnee.

(*Reinh. Fuchs*-Dresden.) (A. d. Fremdenbuch z. Tannhausen.)

Der Wege nach dem Gipfel des Dornbusch sind drei resp. sechs vorhanden. Der erste und nächste führt geradezu durch den Gutshof, rechts vorbei an einem kleinen umschatteten Teiche, von dessen jenseitiger Uferhöhe das schlichte, turmlose Inselkirchlein, umgeben von den Gräbern der Insulaner, zu uns herniedergrüsst, und an zwei Arbeiter-Wohnhäusern weiter, durch einen geräumigen Talgrund der Vorhügel-Gruppen empor zu dem weithin sichtbaren „Flaggenmaste" auf der Gertrudenhöhe am Eingange des Waldes. Der zweite Weg führt, rechts dicht hinter dem Gutshofe abbiegend, über Grieben, den sogenannten „Enddorn", und von hieraus langsam aufsteigend, hart an den jäh abfallenden „Tonfelsenbildungen" des malerischen „Nordost-Strandes" bis zu den 75 Meter hohen Hügelkuppen des eigentlichen Dornbusch-Hochlandes, von denen der sogenannte „Baakenberg" den 1888 erbauten Hiddenseer „Leuchtturm" trägt. Dicht dabei befindet sich der Signalmast, und hart an den Strandabstürzen das schwarze einstige „Nebel-Kanonenhäuschen". Heute warnen hier zwei neu aufgestellte zweistimmige Dampf-Sirenen, wie auf Arkona, die vorüberfahrenden Schiffe bei dichtem Nebelwetter. Von hier aus geniessen wir nach Südwesten hin einen wundervollen Blick auf die romantische, zerklüftete, zum Strande abfallende „Hiddenseer Riviera". Der dritte Weg aufs Bergland führt von der Landungsbrücke bis an den Eingang des Gutshofs, dann links abbiegend durch das alte „Klostertor", vorbei an Gau's Gasthof, hinaus zum Weststrande von „Kloster", welcher zugleich auch den „Badestrand" bildet. Dort erhebt sich das von der „Gesellschaft zur Rettung Schiffbrüchiger" neuerbaute Rettungsbootshaus mit Raketen-Apparat und Mast-Einrichtungen, welche bei den gefährlichen Herbst- und Frühlingsstürmen schon manchem Schiffbrüchigen zum Segen wurden. Hier beginnt das „Hochland", wie am „Enddorn" im Osten ebenfalls sanft anzusteigen und trägt auf seinen Vorhügeln die ersten „Neubauten" unter anderen das höchst eigenartig eingerichtete „Felsenschloss" des bekannten Landschaftsmalers Oscar Kruse-Litzenburg aus Berlin, welches sehr bald zu den Sehenswürdigkeiten Rügens zu zählen sein dürfte. Man kann nun, am Rande des älteren Waldes, oberhalb der Kruse'schen Besitzung angelangt, wieder zwei Wege nach dem Waldhotel „Zum

Klausner" nehmen (nicht zu verwechseln mit dem Etablissement des Einsiedlers zu Vitte-Süd jetzt): entweder links in den Wald hinein und dann bis zum hohen Strande der sogenannten „Hucke", und an diesem dann weiter entlang über die „Bismarckdüne" bis zur „Hiddenseer Riviera", oder aber: rechts an dem „Kloster" zugekehrten Rande des Waldes entlang bis zu der „Ausmündung" des die Tannen-Schonung durchquerenden „Gerhardt Hauptmann-Steiges" der ebenfalls in die „Hiddenseer Riviera"

Bismarckdüne und Hiddenseer Riviera.

einmündet. Auch kann man am „Waldrand" weiter, bis hinauf zum grossen Flaggenmaste des Hotels, wandern. Ein vierter, fünfter und sechster Weg sind die Touren dicht am Strande der Ostsee, unterhalb der „Hochland-Abstürze", sowohl vom „Rettungshause" am Weststrande, wie über Grieben und den „Enddorn" von Osten her, zu nennen. Beide „Strand-Touren" führen unterhalb des neuen „Wald-Hotels" auf den „Badestrand" desselben und von hier aus durch die sogenannte „Swantiwit-Schlucht" hinauf zur „Hiddenseer Riviera". Nicht genug kann vor einem „vorzeitigen Ersteigen" der westlichen wie östlichen Steilufer gewarnt werden, wozu der allzu hohe Wasserstand des Ostseespiegels öfter die Ufertouristen veranlasst. Diese unteren Strandtouren sind überhaupt nur solchen anzuempfehlen, die weder die Steingeröllpartien, noch nasse Füsse scheuen: lohnend dagegen sind dieselben immer. Wer nicht die ganze

Tour über den östlichen Teil machen will, der kann von Grieben direkt auf dem „sechsten Wege", dem zur früheren „Schwedischen Bauernschänke" gehörenden Privat-Fussteige, aufs Bergland hinaufgelangen, um dann, oben angekommen, ähnlich wie an der grossen Flaggenstange des „Wald-Hotels" auf der „Gertrudenhöhe", einen bezaubernden Rückblick zu geniessen, der von der Galerie des Leuchtturms aus allerdings noch an Ausdehnung übertroffen wird. Ich lasse hier meinen Gewährsmann Otto Wendler weiter berichten und fortfahren:

„Wir gehen auf die Höhen hinauf und geniessen von hier oben eine selten schöne Aussicht! Die ganze $2^1/_2$ Stunden lange, oft nur auf „Steinwurf" breite Insel dehnt sich vor uns aus, einer grünen Landkarte gleich. Nur vom „Rugard", dem Mittelpunkte Rügens, und vom „Nordperd" in Göhren aus bietet sich ein ähnlicher Blick, aber er ist doch anders geartet, — dort übersieht man die Insel Rügen und das zerklüftete Mönchgut — hier, auf den Bergen und dem Leuchtturme von Hiddensee ist das Meer das vorherrschende! Nach Norden und Westen verliert sich der Blick in die endlose See — und fern am Horizonte taucht bei hellem Wetter die acht deutsche Meilen entfernte dänische Insel Möen aus den blauen Fluten, und deutlich erkennen wir ihre weissen, silberschimmernden Kreideklippen! Im Osten überschauen wir ganz Rügen! Wie Meereswellen liegt das hügelbesäte Insellland vor uns und ungezählte Buchten schmiegen sich liebkosend tief hinein und von Süden her grüssen Stralsunds Türme zu uns herüber. Uns zu Füssen aber schlummert „das söte Länneken", wie die sonst recht poesiearmen Hiddenseer ihr idyllisch-schönes Land seit uralten Zeiten so überaus „zutreffend" nennen! Möwen flattern vom Aussen- zum Binnenstrande — das Lied ungezählter Lerchen erklingt hoch über uns in köstlich reiner Inselluft und dazu das ununterbrochene Rauschen der Wogen Tag und Nacht! — — es ist ein Ort, so weltfremd, so natureigen, hier lässt sich träumen noch ungestört — hier kann der Mensch noch unbehelligt dem Pulsschlage der Natur lauschen!!"

V.

Wir sagen Dank dem güt'gen Mann,
Der fern vom Lärm der Stadt
Im grünen Wald ein traulich Heim
Dem Gast bereitet hat!
Er spendet willig wie sein Wald,
Gedeihn erblüht auf seinen Wegen:
Schütz' ihn des Himmels Allgewalt,
Und kröne Gott sein Werk mit Segen!!

(Aus d. Fremdenbuche a. Tannhausen.)

Zumeist betraten meine Fremden von der grossen Flaggenstange auf der „Gertrudenhöhe" aus das stille grüne Waldbereich mit seinen harzigen Düften und mein seit Herbst 1910 abgebrochenes Tusculum „Tannhausenn".

Eine Stangen-Einfassung umschloss einst mir meine „Residenz". Mitten auf dem Platze ein kleines rotes Bretterhäuschen mit weissen Fenstern und grünen Läden, und einem von Waldbaumstämmen getragenen Vorbau über den weiss eingedeckten aufklappbaren Buffetplatten, davor mehrere grüne Hocker, und im Waldesschatten draussen schlichte Tische und Bänke — das war die Bergwald-Schänke „Eremitage" auf Tannhausen. Mein eigentliches „Tuskulum" aber hatte mit dem Sommer 1905, im Aeussern wenigstens, eine wesentliche Aenderung erfahren. Es war ein Holz-Anbau an der Rückseite der Bergwaldschänke nach einer unvergesslichen Toten „Einsiedelei Mathilde" genannt, welcher meine im Sommer als Gesellschaftsraum dienende Bibliothek enthielt! O du mein primitives „Tuskulum", nie werde ich dich und die darin verlebten schönen Stunden vergessen, nie werden es die können, die sie mit mir teilten — wie eine Welt für sich erschienst du jedem, der dich betrat, und Herz und Mund fühlten und sprachen freier! Wie viele gute Worte und schöne Gedanken sind im Laufe der letzten Jahre unter deinem bescheidenen Dache aus Hiddenseeer Waldholz ausgetauscht worden! Wie viele bedeutende Menschen haben deine schlichte Schwelle betreten und hier geruht!

Und nun ein Wort über mich selbst — zur „Information" nämlich:

Ich bin heute 54 Jahre alt, mittelgross und schlank, nicht hübsch, nicht hässlich, und besitze das Gegenteil eines kahlen Kopfes und grosser Hände und Füsse. Ich wurde als Sohn eines schlesischen Grossgrundbesitzers geboren, erhielt auf einer aristokratischen Anstalt eine gute Erziehung und wurde für den Offiziersstand bestimmt. Statt dessen ging ich mit dem 20. Jahre, nach harten Kämpfen mit der Familie und nach eingehendsten theoretischen Vorstudien, an der Hand glücklich gefundener vorzüglicher Meister, zur Bühne, welche ich im Jahre 1879 zuerst betrat, sodass ich mein „25jähriges Bühnen-Jubiläum" bereits feiern konnte. Seltsamerweise bemühte sich mein Lehrer der Mimik, Balletmeister Knoll-Hamburg, mich im letzten Augenblick dem rezitierenden Drama abwendig zu machen und mich trotz meiner 19 Jahre für die edle Tanzkunst zu gewinnen (dies zur Begründung meiner Barfuss-Tanz-Pantomime auf meinen Naturbühnen). Aus

Das einstige „Kleeblatt von Tannhausen" auf der Insel Hiddensee b. Rügen.

Gesundheitsrücksichten quittierte ich 1884 das Theater und begann zu schriftstellern, sorgenfrei und unabhängig wie ich war. Als nach dem Tode meines Vaters 1886 ein grosser Teil meines Vermögens, infolge der Erbschafts-Regulierung und ungünstiger landwirtschaftlicher Konjunkturen, verloren ging, verliess ich meine alte Heimat Schlesien und siedelte mich, auf ärztliches Anraten, dauernd am Meeresstrande an — in „Altefähr" bei Stralsund nämlich. Dort begründete ich auf einem gänzlich kahlen Hügelabhang an der Grenze des Stralsunder Stadtparkes unter dem Namen des internationalen Pensionates „Villa Alexander" das jetzt überaus florierende Hotel „Seeschloss" und seine jetzigen Parkanlagen. Hier in Altefähr lernte ich meine erste Gattin, die Malerin Marie Magdalinski, die Schöpferin meiner Hiddenseeer Gemälde-Galerie, kennen. Am 19. Oktober 1888 wurden wir in aller Stille auf Helgoland, damals noch englischer Boden, getraut. Im September 1890 wurde diese „Künstler-Ehe" schon wieder gerichtlich geschieden. — Bis 1894 war ich „Gastwirt" in Altefähr.

Gleichzeitig wandte ich mich der Rezitations-Kunst zu und zwar auf Anraten Richard Türschmanns. Mein gründlich geschultes Organ und starkes Temperament reihten Erfolg an Erfolg. Ich bereiste Deutschland, Schweden und Finnland, und welche Erinnerungen brachte ich mit heim! Die damalige Zeit war der Rezitation öffentlich und in Vereinen noch günstiger — heute findet man unsere ersten Vortrags-Künstler nach Absterben des seligen Ueberbrettl' Wolzogens nur noch auf der „Variété-Bühne", mich selbst aber in einem treu gebliebenen kleinen Kreise von Vereinen wieder. Eigene Kränklichkeit, wie der Tod meiner treuen Stütze und mir verwandten Hausdame Louise Treichel zwangen mich, mein florierendes Geschäft in Altefähr zu verpachten und mich nach Hiddensee zurückzuziehen. Ich hatte Unglück mit den Pächtern — nach 2 Jahren, im Herbst 1895, sah ich mein blühendes Geschäft und Grundstück in Altefähr derartig herabgewirtschaftet und entwertet, dass ich beim gerichtlichen Verkauf desselben, zu dem mich mein Gesundheitszustand zwang, über 30 Tausend Mark eigenes Vermögen verlor.

Aufs Neue ging ich zur Bühne, die Sommermonate zurück nach Hiddensee. Mit einem Schriftstellerhonorar für meine „Wunna" in der Höhe von 100 Mark kaufte ich die jetzige „schwedische Bauernschänke" in Grieben, damals ein verfallenes Fischerhaus, für 1650 Mark. Es sollte mein Dichterheim für den Sommer werden, da ein mehrjähriger günstiger Kontrakt mich an das Berliner Belle-Alliance-Theater band, dessen „Direktor", damals (1897), der langjährige erste Kapellmeister der „Friedrich Wilhelmstädtischen Operetten-Bühne", Max Federmann, wurde, welcher mich als Dramaturg und Hausdichter bei dreimonatlicher Feriendauer engagiert hatte. Bekanntlich wurde das Unternehmen Federmanns noch vor seiner Eröffnung „Pleite" und mir selbst dadurch die herbste Enttäuschung meines Lebens zuteil. Der Rest des Winters sah mich als Schauspieler am Residenz-Theater in Dresden und am Ibsen-Theater des Dr. Karl Heine in Leipzig, dem ich auch die Saison darauf als Mitglied angehörte. Das war meine herrliche Theaterzeit — schaffen dürfen als individueller Künstler — Ibsen'sche Charaktere unter Heine's Regie!

Da Hiddensee inzwischen durch meine Agitationen in der deutschen Presse von Jahr zu Jahr an Sommergästen zugenommen hatte, und sein endgültiges Aufblühen bei mir ausser Frage stand, so entschloss ich mich kurz, wieder Gastwirt zu werden. Gedacht — getan. Im Sommer 1898 eröffnete ich gleichzeitig die beiden neubegründeten Restaurants „Bergwaldschänke" und „Bauernschänke" — Grieben. — Beide mit leeren Händen und Taschen! aber — unter der bewährten Mithilfe meiner Freundin Frau Gustel Kollwitz, der jetzigen Besitzerin von Grieben. Und wie lohnte man mir mein Beginnen!! Den Hiddenseeer leitenden Kreisen war ich unbegreiflicher Weise ein Dorn im Auge. Was ich wollte und zum Besten des ganzen Landes bestrebte, wurde systematisch bekämpft, die Insulaner gegen mich aufgeredet, und der ihnen von mir gezeigten Zukunftsbilder als verrückte Hirngespinste hingestellt. Die Behörden verfolgten mich mit Strafmandaten und Anzeigen. Im Sommer 1900 denunzierte mich der damalige Amtsvorsteher von Hiddensee dreimal der Staatsanwaltschaft!! fünfmal im Ganzen während der letzten sieben Jahre — und doch hatte ich 14 Prozesse und Streitsachen gegen ihn gewonnen! Erst meine eingehende Beschwerde an den Minister des Innern verschaffte mir und ganz Hiddensee Ruhe, indem er am 1. Oktober 1904 seines Amtes entsetzt wurde.

Mit unglaublicher Zähigkeit behauptete ich meinen Standpunkt; musste ich mir doch auch gefallen lassen, dass die Press-Onkels und Press-Tanten im lieben deutschen Vaterlande sich meiner Person bemächtigten, und aus dem ehrlich strebenden, rationell denkenden Menschen ein „Original vom Ostseestrande" machten, und „Zeilen schindeten", dass es eine Art hatte. Da nannte mich der Eine:„ Verschmitzter Klosterbruder" —ich wagte es ja, im Walde barfuss und in einem langen luftigen Gewande wie noch heute einher zu gehen und der Andere: „Heimlicher Dorfschulze von Hiddensee". Hier stempelte eine gewesene alte Jungfer mich, den bekannten Verehrer des „schönen Geschlechts", zu einem „Tyrannen" und „Weiberfeind" — dort fand ich meine religiös-philosophischen Ansichten, die man mir mühsam abgehorcht, als „Verrücktheiten" preisgegeben. Eine erste Berliner Zeitung schrieb z. B. wörtlich: „Er ist für einen Simplicius Simplicissimus zu modern geartet, und für ein verrücktes Genie zu durchsichtig vernünftig!" Also muss ich wohl nach Vorgesagtem meine „eigene Gattung" repräsentieren. Eigentlich ein recht hübsches „Lob" — in meinen Augen wenigstens! Das sind nun Sachen, die mir vor Augen kamen — was aber mag ich nicht wissen! obgleich durch die Hand „lieber Freunde" mir manche Zeitung mit dem bewussten blauen Strich zugesandt wurde, von denen jetzt mein Hiddenseeer Archiv eine ganze Anzahl „zieren". O Gott, wie ist das Papier doch geduldig! Ach, wie manchen „Schnabus" habe ich auf das Wohl meiner unbestellten Biographen getrunken, wenn ich mir an ihrem Gebräu den Magen verdorben. Hatten mir die „lieben Kollegen" doch — nolens volens — einen grossen Dienst erwiesen, mir und meinem geliebten Hiddensee: sie haben uns beide, ohne unser besonderes Zutun, „populär" gemacht. Und das ist heutzutage wahrlich nicht so leicht — es sei ihnen an dieser Stelle „dankend darüber quittiert"!

Dies der Schluss der „Information" über „meine Person", und meine „Hiddenseeer Tätigkeit" — und „Erlebnisse" — und die Erklärung meiner oft „haarscharfen Antworten" auf „anzügliche Fragen", deren mich vorstehende Zeilen hoffentlich fortan überheben werden.

Hinzufügen will ich nur noch, dass ich auch meine 2. Gattin im Sommer 1900 als Badegast auf Hiddensee kennen lernte. Sie spielte damals die „Helga" bei der Uraufführung meines Hiddenseeer Volksfestspiels: „Swantewits Fall" auf dem dortigen Naturtheater. Am 15. Dezember desselben Jahres legte Berlin's populärster Geistlicher, der bekannte, inzwischen heimgegangene „Tränen-Schulze", vor dem Altar der Jesuskirche in der Wassertorstrasse unsere Hände ineinander, in Gegenwart von nur zwei Freunden als Trauzeugen, indess die Orgel den Schluss-Choral aus meinem Swantewit spielte: „Lobe den Herren." Auch diese zweite Ehe wurde nach einer Frist von 5 Jahren wieder gesetzlich auf beiderseitigen Wunsch gelöst. Das Vorwort der 2. Auflage bildet gleichzeitig die Fortsetzung dieser persönlichen Bemerkungen.

> Wenn alles Hoffen Dir zerfällt —
> Ringsum nur Trug und Herzeleid,
> So flieh aus dieser lauten Welt
> In stille Zweisamkeit.
> „Einsiedler" üben sich zumeist
> Doch nur im Grillenfangen:
> Zur Harmonie kann erst der Geist
> Im Zwiegesang gelangen!
>
> *(Ernst v. Wolzogen)*   (a. d. Fremdenbuch v. Tannhausen.)

VI.

> Nun grüsst mich wieder deine Hügelkette
> Und deines Leuchtturms Spitze, wundergleich, —
> Wie strahlend tauchst du aus dem Wogenbette
> Mein stilles, mein geliebtes Inselreich!
>
> a. d. Fremdenbuch v. Tannhausen.

Treten wir nach kurzem Gange auf der östlichen Seite aus dem Bergwalde, so haben wir den Hiddenseeer Leuchtturm gerade vor uns, am Ausgang einer Talmulde, deren Hügelwände das Bauwerk rahmenartig flankieren. Die linksseitig, hart am Walde liegende Bergkuppe trägt den trigonometrischen Markstein der Insel, und bietet dieser Punkt eine überraschend schöne Aussicht über das kleine Ostseebad Grieben am Fusse des Berglandes hinüber nach Rügen, über den reichgegliederten östlichen

Teil des Dornbuschgeländes hinter dem Leuchtturm und die offene Ostsee mit den weissen Kreidefelsen der, 8 deutsche Meilen fernen, dänischen Insel Möen gen Norden.

Der Leuchtturm auf dem Dornbusch.

Seit 1888 erstrahlt das Blinkfeuer von Hiddensee den Schiffern draussen auf dem offenen Meere. Eine mächtige Petroleumlampe erzeugt es, und 8 deutsche Meilen weit noch ist sein Glanz sichtbar. Es ist jedenfalls sehr belehrend und lohnend, den Turm zu besteigen und sich den mechanischen Betrieb, welcher die kolossale, aus Glasprismen und Linsen zusammengefügte Laternenkuppel um das Lampenlicht in drehende Bewegung setzt, erklären zu lassen, und die Galerie des Turmes zu umschreiten. Der Rundblick von diesem, 100 Meter über dem Meere liegenden Punkte über ganz Rügen, Hiddensee und die freie Ostsee mit der pommerschen und mecklenburgischen Küste bis Darsser Ort hin findet nirgends seines Gleichen auf ganz Rügen, allerdings gehört klares Wetter dazu, um seine ganze überwältigende Pracht zu geniessen. Schon ein leichter Nebeldunst macht den Aufstieg, resp. die Aussicht unlohnend. Ist die Tür des Turmes verschlossen, so muss man sich zu den, 8 Minuten weit entfernten

„Wärterhäusern" am Fusse des langgestreckten sogenannten „Swantewithügel-Rückens" und in tiefer Talmulde liegend, begeben und sich anmelden. Früher hatte man dann Gelegenheit, sich die naturhistorische Sammlung des Oberleuchtturm-Wärters Herrn Emil Wentzlaw, die namentlich seltene Vogel-Exemplare enthielt, zu besichtigen, was stets mit grösster Liebenswürdigkeit gewährt wurde. Herr W. ist ein Künstler auf dem Gebiete des Ausstopfens, da seine Arbeiten sämtlich ein der Natur abgelauschtes Gepräge zeigen. Auf der Internationalen Verkehrsausstellung zu Berlin im Frühling 1911 hatte Herr Wentzlaw auf meine Veranlassung hin mehrfache Erzeugnisse seines Könnens ausgestellt, die heute in der Gastwirtschaft von Kasten zu Neuendorf a. Hiddensee noch zu sehen sind und einen Ausflug dorthin schon an sich lohnend machen. An der Hand eines vorzüglichen Zeichentalentes treibt er in seinen Mussestunden auch Bernstein-Schnitzerei, und es wäre wirklich zu wünschen, dass Herr W. sich mehr auf diesen Kunstzweig würfe und zwar im Interesse unserer Hiddenseeer Badegäste, die stets und ständig nach Hiddenseeer Original-Bernsteinwaren fragen, da dieses köstliche Harz obendrein auch hier vielfach von den Fremden gefunden wird. Die Bernstein-Ausfuhr aber durch fliegende Händler im Herbst und Frühling ist oft ganz bedeutend, so dass bis 90 Mark für ein einziges Stück schon gezahlt worden sind. Ich rate aber jedem, bei Ankauf von Bernstein vorsichtig zu sein, da Gewicht und Güte eines Stückes oft in gar keinem Einklang stehn. Dagegen sind hier gefundene Feuerstein-Gegenstände von Laien schon leicht auf ihren eigentlichen Wert zu taxieren. Vorsicht ist aber auch hierbei zu empfehlen.

Der Leuchtturm darf nur bei Tage, und nicht während seiner Brennzeit — von Sonnenuntergang bis Sonnenaufgang — betreten werden. Das Eintrittsgeld beträgt 30 Pfg. à Person.

Etwa 5 Minuten vom Leuchtturme ab befindet sich hart an der Steilküste, auf ebenfalls herrliche Aussicht aufweisenden Hügelkuppen, der hohe Signalmast, an welchem die Sturmwarnungssignale in viereckiger, oder runder Form, aus Korbgeflecht gefertigt, auf telegraphische Veranlassung der Hamburger Seewarte den Schiffen auf

See vom Lande aus noch rechtzeitig durch Aufheissen gezeigt werden. Und viel Unglück und Elend auf See ist durch diese wohltätige Errungenschaft der internationalen Zivilisation und Wissenschaft in den letzten Jahrzehnten verhindert worden. Dasselbe kann auch von der Nebel-Station nebenan gesagt werden: Verhüllen die

Nebel-Signal-Station und Sturmwarnungsmast
oberhalb der Swantewit-Schlucht.

dichten und jäh hereinbrechenden Seenebel das strahlende Feuer des Turmes, so ertönen von 5 zu 5 Minuten die hier aufgestellten Dampfsirenen. Grossartig ist die Wirkung bezüglich des Echos und der Fortpflanzung des Schalles durch die dichten qualmenden Nebelmassen, die in Frühlings- und Herbstzeiten oft tagelang unsre Insel umlagern und die ebenso überraschend schnell zerflattern können, wie sie vom Meere zu uns heraufgestiegen sind. Auch für militärische Signalzwecke dient der Signalmast bei den Herbstmanövern der Flotte, und unsere friedliche Insel erhält dann eine Abteilung von flaggen- und telegraphenkundigen Marinesoldaten.

Einst aber sang der „Friedensfreund von Hiddensee" mit Recht:

Und von des Dornbuschs waldigen Höhn
Meilenweit könnt Ihr das Leuchtfeuer sehn,
Sorgsam gehütet von treuer Hand
Auf meinem einsamen söten Land!
Doch steigt der Nebel vom Meeresgrund,
Dröhnet warnend Kanonenmund: .
Nicht Tod und Verderben sendet ihr Lauf,
Zum Segen der Menschheit stellt mann sie auf.
O würde doch in jeglichem Land
Solch Zweck von Kanonen bald allbekannt!!

Aus: Der Einsiedler v. Hiddensee, v. *A. Ettenburg*.

VIII.

Die Lerche steigt von Wiesen und von Feldern
Und grüsst mich jubelnd aus dem Aetherblau,
Des Ginsters Gold gleisst auf in deinen Wäldern
Und labt das Auge, süss wie Morgentau.

Vom Leuchtturm kann man zwei Wege nach dem kleinen Ostseebade Grieben wählen. Entweder verfolgt man von der Signalstation aus das malerische Steilufer nach Osten hin bis zum Enddorn hinunter weiter, oder man steigt über die Berge hinab vom östlichen Waldausgange den näheren Privat-Fussweg, welcher uns in einer Viertelstunde immer talabwärts führend, und herrliche Fernsichten über Rügen bietend, hinab in das kleine, einreihige Dörfchen mit seinen 12 Häusern, führt, die, von hohen Bäumen umgeben, freundlich zu dem Niedersteigenden heraufgrüssen. Dicht an der früheren sogenannten „Schwedischen Bauernschänke", jetzt dem erweiterten Gartenrestaurant „Hiddensoe", einem uralten Dielenhause, inmitten eines schattigen Gartens liegend, mündet der Bergweg in die Dorfstrasse. Auf dieser meiner früheren Besitzung, welche meine Hand 1898 zum Restaurant umgeschaffen, ohne den Charakter des Altertümlichen zu verwischen, hält jetzt meine Freundin und frühere Mitarbeiterin Gustel Kollwitz als selbständige Besitzerin Haus, und das in einer Weise, welche den guten Ruf des „Grieber Pensionats und Restaurants", den wir gemeinsam vor 16 Jahren begründeten, nur befestigt hat.

Erst seit der Zeit meines Ankaufes in Grieben und seit der Begründung der jetzt umgebauten „Schwedischen Bauernschänke" (1898) gibt es hier Sommergäste, die sich stets sehr wohl fühlen, weil einmal die Kleinheit des Ortes, der eigentlich zu Kloster gerechnet werden muss, nur eine verhältnismässig geringe Anzahl Fremder zulässt, und zweitens, weil der Aufstieg zu den vorgenannten romantischen Bergwaldpartien von hier aus am angenehmsten und am kürzesten ist. Dazu die gute Verpflegung bei Frau Gustel, der herrliche, von mir komplettierte, schattige Garten mit seinem, aus meiner Zeit stammenden Restaurations-Pavillon, welchen Frau Gustel seit dem Sommer 1911 sehr hübsch vergrössert und ausgebaut hat, ebenso das zu meiner Zeit noch neu erbaute Logierhaus ihrer Schwiegereltern, das heute eine stattliche Anzahl von geräumigen Zimmern enthält, alles Dinge, die zur allgemeinen Beliebtheit des Oertchens jetzt beitragen. Man wird gut tun, rechtzeitig Anfragen wegen Pensions-Aufenthalt oder Privat-Wohnungen in Grieben an Frau Gustel Kollwitz zu richten, da die vorhandenen Privaträume, wie schon gesagt, beschränkte sind.

Logierhaus und Restaurant „Hiddensoe".

Für Freunde des Rudersports bietet die flache Bucht des Binnenwassers zwischen dem Dorfe und der Hiddenseer Halbinsel „Alt-Bessin" angenehme und durchaus ungefährliche Gelegenheit zu Wasserpartien. Von Grieben aus erreicht man die Landungsbrücke in Kloster auf der öffentlichen Fahrstrasse zwischen wallenden Kornfeldern und grünen Wiesen hindurch in 12 Minuten; von Kloster kommend, hat man dicht hinter dem Gutshofe rechts abzubiegen. Grieben, welches eine doppelte Badegelegenheit am West- und am Oststrande seinen Freunden zu bieten vermag, macht von der Wasserseite aus, bevor man in Kloster landet, einen äusserst idyllischen Eindruck, und es steht ausser Frage, dass das stille Dörfchen, selbst wenn hier Neubauten errichtet werden sollten, beim Publikum immer beliebter werden wird, und das in dem Grade, wie der Verkehr in dem Hiddenseer „Zukunfts-Seebade" Kloster, und in dem jetzt am meisten besuchten „Vitte" sich heben und vergrössern wird. Es wird eben stets die „Idylle" der Insel sein und bleiben. Hier findet sich auch das einzige „Hünengrab" des Eilandes, eine bewaldete Bergkuppe mit herrlicher Aussicht.

Von alter Hünen Hügelgruft
Haucht Tymian und Klee
Im Sonnenscheine würz'gen Duft;
Wie Geist der Freiheit weht die Luft
Um dich, mein Hiddensee.

IX.

Begrüsst mich brausend, weisse, wilde Wogen,
Du ewig-weites, immer blaues Meer —
Aus deinen Fluten hab' ich Glück gesogen,
Drum zog mich meine Sehnsucht wieder her.

Der Weg nach Vitte von der Landungsbrücke zu Kloster aus führt ebenfalls durch den alten Klostertorbogen, vorbei an Gau's Gasthof, bis wieder hinaus an den Weststrand. Hier biegt derselbe nach links in eine grüne Wiesenmatte ein, auf welcher die zahlreiche Rinderherde des Gutes Kloster zu weiden pflegt und wohltätige Staffage in das holländische Landschaftsbild bringt. Nach kaum halbstündigem Wandern an der flachen, jetzt eingezäunten Dünenkette des Weststrandes entlang begrüssen uns die ersten Häuser des grossen Fischerdorfes, das sogenannte „Norderende", welches einreihig aufgebaut, bis an den Vitter Bodden herantritt, an welchem die Dorfstrasse nun bis zur „Villa Antoinette" des Herrn Landrats Hofman aus Pyrmont entlang läuft, um hier rechtwinklig nach links umzubiegen.

Dieser Teil von Vitte wird die „Sprenge" genannt, und die flachen Ufer des Boddens bilden hier den sogenannten „Fischerstrand", der mit seinen vielen, aufs Land gezogenen Böten, und zum Trocknen aufgehängten Netzen, wie im Hinblick auf die baumlosen sauberen weissen Häuser den echt malerischen Eindruck eines „Fischerdorfes an der Nordsee" hervorrufen.

Hier an der Sprenge befindet sich auch die Dampferbrücke des Herrn Kapitän Bentzien, dessen beide Salondampfer „Caprivi" und „Falke" mehrmals täglich den Verkehr sowohl mit Stralsund wie mit Wiek a. Rüg. resp. mit Arkona, und auf diesem Wege weiter mit der Ostküste Rügens, vermitteln.

Von allen Orten Hiddensees hat Vitte in den letzten zehn Jahren den grössten Aufschwung in seiner Verkehrsziffer für ständige Sommergäste genommen und sich zum eigentlichen „Haupt-Seebadeorte" der Insel ausgebildet, wozu sein überaus naher und weit ausgedehnter Sandstrand und prachtvoller Wellenschlag, wie seine ganze Ausdehnung als Ortschaft längs des Binnen- und grossen Aussenstrandes es eben naturgemäss berechtigten. Wie

Kloster infolge der Nähe des romantischen Berglandes stets der Hauptort für den Ausflüglerverkehr Hiddensees bleiben wird, so wird Vitte von Jahr zu Jahr mehr

Dorfstrasse in Vitte-„Süderend".

und mehr seinen Bade- und Strandleben-Verkehr vergrössern und ausbilden.

Dazu kommt nun noch, dass durch meine Ansiedelung und meinen jetzigen Ankauf 1911, am Südstrande ausserhalb Vittes, bereits grössere Dünen-Terrains ganz neuerdings für Ansiedelungszwecke angekauft sind und noch angekauft werden, so dass in einigen Jahren hier draussen die Strand-Kolonie „Vitte-Süd" entstehen dürfte, ein rechtes echtes „Nordseebad am Ostseestrande", dessen zeitgemässe Baulichkeiten eben ganz dem Charakter der Landschaft angepasst sein werden.

Strandleben in Vitte.

Aber auch Vitte selbst bietet heute dem Beschauer einen anderen Anblick, als das arme unbekannte Fischerdorf, das es vor 15 Jahren noch war. Rote Ziegeldächer und herangewachsenes Gartengrün leuchten freundlich zu meiner Einsiedelei Mathilde herüber. Der Badestrand hinter den nahen Häusern des Dorfes zeigt mehr als 70 einzeln stehende Badezelte, denn eine gemeinsame Badeanstalt gibts in Vitte und auf Hiddensee überhaupt nicht. Man badet hier zwanglos vom Morgen bis zum Abend, liegt angekleidet oder im leichten Badekostüme sonnen- und luftbadend in seiner „Strandburg" oder geht, dito leicht bekleidet hinaus ins „Strandrestaurant" des barfüssigen weissgewandeten „Einsiedlers", um seinen Durst zu stillen und dann wieder zu seiner „Burg" der in den Schaum der Brandung unterzutauchen. Ich kenne kein Seebad der Welt, dessen Badeleben so zwanglos und unbeanstandet verläuft und sich ausgebildet hat, als dasjenige von Vitte und ganz Hiddensee überhaupt!

Viele Neu-, Um- und Vergrösserungsbauten hat Vitte im Laufe des letzten Jahrzehnts erfahren. Ich nenne hier nur das zu einem stattlichen Hotel umgebaute frühere Gasthaus „Zur Ostsee" wie das bedeutend erweiterte Pensionat „Zur Post", das ebenfalls auf der Sprenge liegende Restaurant und Logierhaus „Zur Erholung" von Frau Sponholz, das in diesem Jahre auch noch bedeutend vergrössert werden soll. Dasselbe gilt von E. Schlucks Restaurant auf dem Süderende von Vitte, das durch einen Saalneubau und Erweiterung der Logierzimmeranzahl eine erhebliche Verbesseruug erfährt. Sämtliche Häuser werden auf das Solideste geleitet und haben durchaus zivile Preise. Dasselbe kann man von den neu erbauten Logierhäusern des Ortes sagen, von denen ich auf dem Norderende Haus Arndt und Villa Wendt nennen möchte. Ebenso entspricht das grosse Logierhaus von Müllermeister Schwarz wie die Neubauten des Herrn Kaufmann Freese, der Schuhmachermeister C. Witt und Päper, der Bäckermeister Rohde und Krabbe, wie die geräumigen Häuser von Heinrich Schluck, Schiffs-Kapitän Magnus Hübner und des Bauunternehmers Christoph Kradel auf dem Süderende von Vitte vollkommen den gerechten Ansprüchen unserer Zeit.

Vitte Süd. Dünengelände.

An der Sprenge und gegenüber dem langjährigen und gut renommierten Gasthause und Familienpensionate von Frau Marie Nehls „Zur Post" legt auch Hiddensees ältester und bekanntester Salondampfer „Caprivi", Kapitän Bentzien, seit einigen Jahren an eigener fester Landungsbrücke an. (Siehe Fahrplan). Und mit dem Sommer 1912 wird Kapitän Bentzien's neuerworbener Dampfer „Falke" um 8½ Uhr vormittags Stralsund verlassend, die Vitter Brücke auch vormittags anlaufen, um seinen Kurs wie der Dampfer Caprivi nach Wiek a. R.-Arkona fortzusetzen, und zwar im Anschluss an die Züge der Kleinbahn Bergen-Altenkirchen, um nachmittags dieselbe Tour über Vitte nach Stralsund zurück zu machen. (Siehe Fahrplan.) An Sonntagen aber unternimmt der „Falke" Extrafahrten im Interesse des Vitter Badepublikums, dem somit eine neue Gelegenheit zu Tagesausflügen in die Umgegend geboten wird. Auch werden mehrere Male in der Saison seitens

E. Freeses „Hotel zur Ostsee".

des seetüchtigen Schiffes Sonderfahrten nach der dänischen Schwesterinsel Möen unternommen werden, die, ich bin fest davon überzeugt, bei den gesamten Sommergästen von ganz Rügen und nicht nur bei denen auf Hiddensee sich allergrösste Beliebtheit erwerben werden.

Den Haupt-Brennpunkt des geselligen Verkehrs bildet das bestrenommierte „Hotel zur Ostsee" von Ernst Freese, dem ältesten Sohne des noch immer unvergessenen, humoristischen Franz Freese. Mit Hilfe seiner überaus tüchtigen Mutter hat der junge Eigentümer seinen schlichten Gasthof zu einem durchaus zeitgemässen Hotel gewandelt, dem noch weitere Vergrösserungen in Bälde bevorstehen.

Hier im geräumigen Speisesaale des Hotels finden vielbesuchte Réunions während der Badesaison statt und die allgemein beliebten humoristischen Originalvortragsabende des „Einsiedlers" Alexander Ettenburg, die derselbe auch in den Restaurants der übrigen Hiddenseer Ortschaften zu veranstalten pflegt. Aber auch Gerhard Hauptmann war mehrjähriger Gast des Hauses. Unter dem Dache des „Hotels zur Ostsee" im Zimmer No. 9 (+) schuf der Weberdichter den grössten Teil seiner „Versunkenen Glocke" und arbeitete er am „Armen Heinrich". Auch die Namen Schluck · „Jan" entlieh der Dichter unserem Eilande Hiddensee.

Seit dem Sommer 1911 hat Vitte, wie ganz Hiddensee, in dem von mir begründeten „Strandrestaurant und Café Einsiedelei Mathilde" einen beliebten Ausflugspunkt mehr erhalten und das eigenartige Dünengelände zwischen Vitte und Neuendorf die hier so notwendige Erfrischungsstätte für Fusswanderer.

Die „Sprenge" zu Vitte mit „Dampferbrücke".

Man besucht mein Strandrestaurant am bequemsten, wenn man sowohl von Grieben-Kloster oder Vitte, wie von der Fährinsel „Heiderose" oder Neuendorf kommend, wenn man den Dünenweg am Aussenstrande verfolgt, der übrigens bereits zur ausgedehnten „Strandpromenade" geworden ist, und im Sommer 1912 noch mit den langentbehrten Ruhebänken von mir versehen wird. Auch

Einsiedlers Strandrestaurant und Café „Einsiedelei Mathilde zu Vitte-Süd".

habe ich Wegweiser und Plakattafeln auf der ganzen Insel aufgestellt, die auf die kürzesten Wege zum „Einsiedler" und seinem originellen Strandheim hinweisen. Eine kleine Badeanstalt (6 Zellen) steht dem Fremden zur Benutzung. Eine Warmbadanlage wird geplant.

X.

Wenn ich so denke: ganz allein,
Fern von den falschen Leuten!
Dann möcht ich auch „Einsiedler" sein
Und Hiddensee erbeuten.
(Aus dem Fremdenbuch auf Tannhausen.)

In reichlich einer halben Stunde gelangt man von Vitte aus nach der einsamen Fährinsel und dem von dunklen Heideflächen umgebenen Restaurant „Heiderose". Zur Fährinsel kommt man am bequemsten über den Ausgang der „Sprenge", vorbei an dem sogenannten „Seebläk", einem flachen Salz-Seebecken, welches durch einen Zufluss mit dem Vitter Bodden in Verbindung steht. Ein hoher, schmaler, primitiver Steg führt auf die andere Seite, und hinein in weitgedehnte Wiesen, die sich meilenweit bis zu den „Süderdörfern", nur unterbrochen von dunkelgrünen Heide- und weissschimmernden und vielgestalteten Dünengeländen, erstrecken. Wie ein grüner Riesenteppich schwimmt die kleine, gänzlich baumlose „Fährinsel" auf den blauen Fluten des Binnenwassers zwischen Hiddensee und Rügen, dem sogenannten „Troge". Nur drei Wohnhäuser erheben sich hier, von denen der Gasthof von August Hübner vor einigen Jahren neu aufgebaut wurde (dessen weitbekannter und beliebter Besitzer heute leider bereits verstorben ist), früher das Fährhaus der Familie Gau aber noch ganz den Typus der alten Hiddenseer Räucherkaten aufweist, obgleich es seit einigen Jahren mit einem Schornstein versehen ist. Daneben hat der junge Gau sich ein modernes Wohnhaus errichtet, in dem gerne jetzt Fremde Unterkunft suchen und finden. Seit undenklichen Zeiten wird von hier aus die Fähre hinüber nach Rügen, nach Seehof, einem auf einer in den „Trog" einspringenden Halbinsel liegenden Bauerngehöft, ausgeübt, und seit Generationen schon von den beiden vorgenannten Familien. Ein flacher Meeresarm, den Fuhrwerke zu durchfahren pflegen, die sogenannte „Bäk", trennt dies eigenartige einsame Stückchen grüner Gotteserde von dem eigentlichen Hiddensee, das aber auch seine Kriegsschicksale gehabt haben muss, wie ein alter Schanzenbau aus der napoleonischen oder Wallenstein-Zeit herstammend, und am Gestade des „Troges" errichtet, uns vor Augen führt, indess drüben bei Seehof ein ähnlicher Schanzenbau das Gegenstück hierzu bildet. Ein Besuch dieses Fleckchens „Alt - Hiddensee" ist jedem Fremden nur zu empfehlen, besonders, da man mit demselben einen solchen des ebenso einsamen, von weiten Heideflächen umgebenen Restaurants „Heiderose" verbinden kann, welches unweit der malerischen Dünenlandschaft auf Hiddensee selber liegt, und seit einigen Jahren unter der Leitung des jetzigen Eigentümers Herrn Paul Krüger ein beliebtes Pensionat und Ausflugsort für die Vitter Fremden geworden ist. Man besucht das Pensionat „Heiderose" am besten, wenn man den „Einsiedler" in seinem „Strandrestaurant" und den dahinter befindlichen Wanderdünengelände mit seinen interessanten Formationen einen Besuch abstattet, oder weiter, bis hinunter nach den Süderdörfern Neuendorf und Plogshagen seinen Spaziergang ausdehnt. Für die Sommerfremden stehen 3 Zugänge offen: 1. durch Abbooten an der Fährinsel, der nächste, und die 2 Landungsbrücken in Neuendorf und Vitte. Neuerdings bildet gerade die kleine Fährinsel einen ganz besonderen Anziehungspunkt für viele Fremde Hiddensees, nämlich seit dem das Eiland von den Behörden zur Vogelschutz-Brutstätte offiziell und durch Anschläge bestimmt worden ist. Ich glaube meinen werten Lesern den grössten Gefallen zu erweisen, wenn ich in nachstehenden Zeilen meinem bewährten Freunde und Hiddenseer Ornithologen, Herrn Lehrer Friedrich Wilhelm Segebrecht zu Vitte, das Wort über diesen Gegenstand überlasse. Herr S. schreibt:

„Hiddensee war von jeher ein Eldorado der Wasser-, Sumpf- und Strandvögel. Der alte Homeyer, dieser Nestor der pommerschen Ornithologen, Tancré und andere haben es als solches gekannt und geschätzt. Noch in den 80er Jahren des vorigen Jahrhunderts war der Reichtum an Möven, Seeschwalben etc. ein kaum glaublicher; der

Gellen war derartig bevölkert, dass man zur Brutzeit im geringen Umfange oft Dutzende von Nestern fand. Wer 1909 diese langgestreckte Landspitze im Mai durchwanderte, fand vielleicht trotz eifrigen Suchens kaum ein einziges Nest und nur die Fährinsel hatte noch eine geschlossene Kolonie von etwa 50 Paaren aufzuweisen. Roheit, Gewinnsucht, Unwissenheit und — Modetorheit hatten unter den genannten Vögeln in einer Weise aufgeräumt, die befürchten liess, dass diese herrlichen Charaktervögel unserer heimatlichen Ostseeküste bald gänzlich von diesem Eilande vertrieben würden. Ich hätte es jeder Dame, die es „geschmackvoll" fand, einen toten Vogel auf ihren Kopf zu legen, wohlgegönnt, mit mir jenen Spaziergang zu machen, der mich im Juni 1909 zur Fährinsel führte; am Strande und im kurzen Heidekraut lagen Dutzende junger Möven und Seeschwalben tot, elendiglich — verhungert. Mehrere jener Mordschützen hatten die um ihre Brut besorgten Eltern aus der Luft geschossen, um die Vogelleiche ihren Damen als Hutschmuck zu dedizieren. Von der Unsitte des Eierraubes, dem nicht nur Insulaner, sondern auch fremde Fischer nachgingen, will ich schweigen, hier waren Gewohnheit und Herkommen Lehrmeister und die Gewinnsucht Antrieb. Es war die höchste Zeit, dass den bedrängten, leicht gefiederten Luftseglern Hilfe kam und jeder Naturfreund wird es mit Freuden und Dank begrüsst haben, dass der „Internationale Frauenbund für Vogelschutz" sich ihrer annahm. Die ganze Insel Hiddensee ist durch Abmachungen dieses Bundes mit den Jagdpächtern der Insel unter Schutz gestellt worden, eine ganze Anzahl von Vögeln darf während des ganzen Jahres nicht gejagt werden, und während der Brutzeit sind die Hauptbrutgebiete ständig unter Aufsicht gestellt, so dass jeder Eierraub unmöglich wird. Bereits im ersten Sommer hat der Bund gute Erfolge gehabt: 170 Bruten sind auf der Fährinsel, 120 sind auf dem Gellen und weit über 100 sind auf den übrigen Teilen der Insel sicher aufgekommen. Und die Zukunft wird unser Hiddensee wieder zu dem machen, wozu es die Allmutter Natur geschaffen hat, zu einem Paradies unserer Wasser-, Sumpf- und Strandvögel. Die herrliche, weissblaue Sturmmöwe und die schwarzbraunköpfige Lachmöwe, die niedliche Flusseeschwalbe und die zierliche Zwergseeschwalbe, der gewandte Wiesenpolizist Kiebitz, und der hochbeinige Schreier Rotschenkel, der urkomische Kampfläufer und der scheue, laute Brachvogel, der dunkelbrüstige Alpenstrandläufer und der listige Sandregenpfeifer, der schwarzweissrote Austernfischer und der seltene, weissschwarze Säbelschnäbler, die schönfarbige Fuchsente und der grosse Säger, die kleine Knäkente und die langgestreckte Spiessente, die Pfeif- und Löffel-, die Stock- und Krickente und all die anderen Bewohner unserer Wiesen und Heide: Feldlerche und Kuhstelze, Wiesenpieper und Brachpieper, sie alle werden hier unter dem Schutze eteldenkender und handelnder Menschen ihr Lied singen und ihr Nest bauen und mag auch ihr Ruf oder ihr Schrei nicht jedem Ohre gleich wohl klingen, dem Naturfreund wird es ein einheitliches Konzert sein, zu dem Sturmesbrausen und Meeresrauschen die echten vollen Grundakkorde bilden und aus dem er auch nicht eine Stimme oder Stimmlein vermissen möchte. Wer mithelfen will, dieses Kulturwerk zu fördern, der wende sich an den Verfasser dieses Büchleins oder dieser Zeilen; der Jahresbeitrag zum J. F. f. V. beträgt eine Mark (Adresse der Geschäftsstelle des J. F. f. V.: Charlottenburg, Sesenheimerstr. 37, I).

XI.

Flirrender, funkelnder Mittagsbrand; —
Rings, unermesslich weit,
Nur Heide, Wiesen, Dünensand,
Und Meereseinsamkeit!

(Aus dem Tagebuch auf Tannhausen.)

Den „Süderdörfern" „Plogshagen" und „Neuendorf" stattet man am besten seinen Besuch ab, wenn man am Weststrand von Hiddensee beim „Einsiedler" und seinem Strandrestaurant vorüber entlang wandert (von Kloster allerdings ein Weg von ca. 2 Stunden) und den Rückweg über die „Heiderose" und am Binnenstrand entlang via Vitte nimmt. Bevor wir die auf weiter Wiesenfläche reihenweis und vereinzelt erbauten und absolut baumlosen Dörfer mit ihren sauberen, weissen und strohgedeckten Häusern betreten, begegnen wir den neuen Strandbefestigungswerken, welche die Königliche Regierung in Gestalt eines mächtigen Steinwalles an den gefährdeten Ufern vor den beiden Dörfern entlang hat errichten lassen, um auf diese Weise den dahinterliegenden Geländen einen Wellenbrecher zu schaffen, ein Versuch, der sich bei der Sturmfluth am 30. Dezember 1904 trotz seiner Unvollendung bewährt hat. Bekanntlich riss nämlich die grosse Sturmflut von 1872 die Insel Hiddensee hinter dem Dorfe Plogshagen mitten durch, und mit vieler Mühe und unter Aufwendung von Hunderttausenden gelang es endlich, nach jahrelanger Arbeit, den Durchbruch durch einen mächtigen, halbkreisförmigen Dammbau zu schliessen, sodass der südlichste Teil der Insel, der „Gellen" genannt, jetzt wieder mit den „Süderdörfern" verbunden ist, weil auch durch den Dammbau glücklicherweise vielfach Anschwemmungen und Ansammlungen von Vorland an der Binnen- und Aussenseite des Walles stattgefunden haben. Der in flachem Bogen ins Meer einspringende Steinwall wird sich mit seinem Südende den alten Damm von 1872 anschliessen. Gerade dieser Teil der Insel Hiddensee ist wegen der hartlaufenden Meeresströmungen der natürliche Wellenbrecher für die flachen und schutzlosen Westküstengelände der gegenüberliegenden Insel Rügen, und muss als solcher notwendigerweise erhalten bleiben. Neuendorf und Plogshagen werden sich binnen kurzem schon, wegen ihres vorzüglichen Sandstrandes, der unstreitig mit der beste der ganzen Insel ist, als Seebad auftun, besonders da durch den Neubau des Gastwirts Julius Gau, verbunden mit einem schönen, zeitgemässen Saale, ein Zentralpunkt für das Publikum geschaffen ist, und der „Strelasund" an eigener Brücke die „Süderdörfer" als regelmässige Station anläuft. Dazu kommt noch, dass in den Fischerwohnungen ein auf Hiddensee ungewöhnlicher Wohlstand bzgl. der Einrichtungsgegenstände zu finden ist, und jedes der geräumigen Häuser über 2—3 nette Zimmer verfügen kann. Am Südende der Ortschaften liegt überdies der zweite Gasthof von „Hellmut Kasten", wo ebenfalls Fremde Unterkunft finden können.

„Ich bin überzeugt, dass es nur noch weniger Jahre bedürfen wird, um die beiden stillen Fischerdörfer, die heute 1911 schon über 200 Sommerfremden aufgenommen haben, mit Fremden zu beleben. Ein herber Hauch, wie die Nordsee-Poesie der einsamen „Halligen", umschwebt die zierlichen Häuser der beiden weltentrückten Dörfer. Die vereinzelte und weitläufige Lage der verschiedenen Wohnhäuser mit ihrem smaragdgrünen, dichten Wiesenteppich vor ihren Türen, garantiert für einen äusserst ungenierten Sommeraufenthalt. Dazu die absolute Nähe des schönen Strandes, der für kinderreiche Familien wie geschaffen erscheint. Auf dem südlichsten Teil der Insel, den Weidetriften des sogenannten „Gellen", haust in Sommermonaten in hölzerner Hütte ein Konkurrent von mir: der Hirte einer auf das Klostergut gehörigen Rinderherde, der jedem Fremden dankbar ist, der ihn in seiner Einsamkeit zu besuchen kommt. Hier auf dem „Gellen" sind auch durch Hochfluten der letzten Jahre die Fundamente einer Kapelle aus der Mönchszeit, nebst zahlreichen menschlichen Totengebeinen blosgelegt worden. (S. geschichtlichen Teil.) Ebenso ist dieser Teil Hiddensees, ganz ähnlich wie die östliche Halbinsel „Alt-Bessin" am Enddorn bei Grieben, durch ihre Entlegenheit eine beliebte Brutstätte von Seevögeln, der „Gellen" insbesondere von „wilden Schwänen", die hier in grossen Herden vorkommen. Dem Ornithologen bietet daher der „Gellen" sowohl, wie die Halbinsel „Alt-Bessin" bei Grieben ein lohnendes Ziel für etwaige Erforschungsreisen bezüglich der „fliegenden Fauna" der Insel, die namentlich im Herbst und Frühjahr bei den Wanderzügen, ganz ähnlich wie „Helgoland", einen beliebten Ruhepunkt bildet.

Der Leuchtturm auf dem Gellen.

Auch hier hinter Neuendorf hat auf dem Gellen die Regierung neuerdings einen kleinen Leuchtturm errichtet. Schon zur Mönchszeit wurde hier eine Leucht-

baake unterhalten. — — „Es war eben schon alles da."
— Auch die Dünenanpflanzungen erfreuen sich hier eines guten Wachstums. Dieselben erstrecken sich bis dicht an die südlichsten Dünenlandankäufe von Vitte-Süd heran.

X.

O Swantewit! o Swantewit:
Pst! Oberkellner! noch 'n Schnitt!
Der alte Gott soll leben!
Er thront inmitten seines Horstes,
Als Schutzgott heidenmäss'gen Dorstes
Hält er das Trinkhorn in der Hand,
Bis dass er gänzlich abgebrannt
Zum Teufel ging mit seinen Schranzen.
Pst! Oberkellner, noch'n Ganzen!!

(A. d. Fremdenbuch auf Tannhausen.)

Es dürfte dem Hiddenseeer Badegaste wohl nicht unangenehm sein, wenn ihm bezgl. kleiner und grösserer Ausflüge zu Lande und zu Wasser ein wenig die „Wege gewiesen werden", zumal die seit dem Sommer 1910 bestehenden Verbindungen durch die Breeger Motorboote kürzere oder längere Ausflüge hinüber nach Rügen ausserordentlich erleichtern, abkürzen und somit verbilligen, wozu allerdings genaues Vorstudium der einzelnen Fahrpläne und Routen notwendig wird. Doch bleiben wir vorerst auf der Insel Hiddensee selbst.

A. Halbtägige Ausflüge zu Fuss evtl. auch zu Wasser
(ganz oder teilweise).

1. Bergwald-Hotel zum Klausner (Mittagessen Gedeck 1,50 Mark) via Kloster und zurück über Grieben nebst Besuch des Leuchtturms.

2. Dieselbe Tour am Weststrand entlang beim Rettungshaus vorbei über den sogenannten „Bismarckstein" zur „Swantewit-Schlucht" und Aufstieg nach Hotel Klausner retour über Grieben oder Kloster resp. Turm, Ostküste und Enddorn (s. Kartenskizze).

3. Ueber Kloster-Grieben, den Enddorn nach der östlichen Halbinsel „Alt-Bessin" (lohnend für Ornithologen

und Wasserjäger) evtl. im vorher bestellten Segel- oder Ruderboote von dort zurück.

4. via Vitte (Sprenge) nach der Fährinsel, „Heiderose" via „Strandrestaurant" und durch die Dünen via Vitte-Süd, dann am Weststrande retour bei Sonnenuntergang (wunderbare Abendbeleuchtung des „Dornbusch-Berglandes") vom „Strandrestaurant" aus.

Bismarckstein am Weststrande bei Kloster.

5. Am Weststrand entlang via Vitte und „Strandrestaurant" nach den Süderdörfern und via „Heiderose", Vitte retour. Eventuell per „Strelasund" von Kloster ab nach Plogshagen (s. Fahrplan). Für Ornithologen ist der Besuch des äussersten „Gellen" von den Süderdörfern aus zu empfehlen. Es ist redlich dreiviertel oder ein ganzer Tag darauf zu verwenden, und sich mit Speis' und Trank zu verproviantieren, evtl. sich mit Boot abholen resp. an die Dampfer nach Kloster-Vitte anbooten zu lassen.

B. Wassertouren.

6. Per Segelboot nach Schaprode mit uralter Kirche und guten Gasthöfen von Vater Weidemann (s. Inserat). Bei ungünstigem Winde evtl. mit Dampfer „Strelasund" nach Kloster zurück (Halbtagstour).

7. u. 8. Nach der Rügen'schen Halbinsel „Bug" mit der Lotsenstation „Posthaus" in hübscher Föhrenwaldung, jedoch ohne Gasthaus, weshalb man sich verproviantieren muss (ebenfalls halbtägig). Eventuell kann man hierher auch das „Breeger" Motorboot benutzen und zu Fuss weiter, vorbei an der Kgl. Försterei „Bug", bis Ostseebad „Dranske" wandern, und an der Küste entlang zum Restaurant Baakenberg a. Wittow, mit schöner Aussicht und Forst. Von hier aus dann weiter bis zu dem

1½ Std. entfernten alten Kirchdorfe „Wiek" a. Wittow wo man preiswertes Nachtquartier nimmt (s. Inserate), um morgens mit Dampfer „Caprivi" so oder abends mit Dampfer „Falke" nach Hiddensee zurückzukehren (s. Inserate). Zeitdauer dieses Ausfluges vom Mittag bis zum andern Morgen.

9. u. 10. Per Dampfer „Germania" via Fährinsel nach dem Ostseebad „Breege" (s. Fahrplan) und evtl, weiter nach Arkona und zurück via Wiek a. Wittow. Das hübsche Ostseebad hat einen schönen Sandstrand. an welchem eine Anzahl Neubauten errichtet sind. Verfolgt man von hier aus den Fussweg nach Arkona, am hohen Strand entlang führend, weiter, so gelangt man vorerst in den herrlichen und schattigen, hundertjährigen Waldpark von „Juliusruh", den eine dunkle Sage umschwebt, die ich noch zur Ballade zu formen gedenke, — und wo man sich in dem netten Parkrestaurant zu der zweistündigen Fusstour nach „Deutschlands Nordcap" noch einmal stärken kann. Die „Germania" legt am Bollwerk des „alten" Breege an, das einen äusserst wohlhabenden und netten Eindruck macht, gute Gasthöfe besitzt, und einen wundervollen Fernblick über den Spiegel des Jasmunder Boddens und seine romantischen Ufergeländer gewährt. Das „neue" Breege dagegen liegt dicht am Ostsee-Strande und in der Waldung der Schaabe, am herrlichen, dünenreichen Sandstrande, hat sehr gute, moderne Hotels und Villen (s. Inserate) und grenzt mit seinen Waldanlagen dicht an den vorgenannten romantischen Juliusruher Park.

Die Breeger Tour (ohne Arkona) ist evtl. in einem Tage ausführbar. Besucht man dagegen Arkona mit, welches man über das kleine Zukunfts-Seebad „Vitt", wohl das malerischst gelegene Fischerdörfchen von ganz Rügen, mit Ewerts Gasthaus (s. Inserat), erreicht, so übernachtet man auf dem Rückwege am besten in dem von Arkona ¼ Stunde entfernten Dorfe „Puttgarten", (s. Inserat) um am andern Morgen zeitig die Fusstour nach Altenkirchen anzutreten (Dauer 1½ Stunde) und von hier aus mit der Kleinbahn im Hafen von Wiek den Anschluss an die Dampfer „Falke" oder „Caprivi" nach Hiddensee-Vitte zu erreichen. Dauer dieser Arkona-Tour vom Mittag bis zum andern Morgen. Man verfehle nicht, auf Arkona die beiden Leuchttürme und das Gasthaus von Schilling zu besuchen, das sehenswerte Sammlungen Rügenscher und sonstiger Altertümer und ein hochinteressantes „Fremdenbuch" birgt. Nachtquartier unter günstigen Umständen auch hier zu haben. Die Tagestour des D. „Falke" ermöglicht jetzt auch gut einen Arkonabesuch an einem Tage von Vitte aus.

11 u. 12. Eine Segelboot-Tour für knapp einen ganzen Tag dürfte eine solche nach Vieregge, einem Küstendörfchen am Grossen Jasmunder Bodden, mit Vöges Gasthaus (s. Inser.) sein, von wo aus man einen, in den letzten 20 Jahren fast ganz vergessenen, einst berühmten und wundervollen Aussichtspunkt Rügens in einer Viertelstunde schon erreicht hat: den Hoch-Hilgoor (d. h. heiliger Berg), bei dem lieblich gelegenen Kirchdorfe Neuenkirchen nämlich. Die vorgenannte Berg-Aussicht auf die vielen kleinen Neben-Buchten des Grossen Jasmunder Boddens, sowie malerischen Ufer und die vielgestalteten Halbinseln dieses ganzen Rügenschen Geländes rings umher ist so eigenartig, ich möchte sagen: es ist Miniatur-Malerei, was hier zu Füssen des Hoch-Hilgoor sich ausbreitet, im Gegensatz zu dem, was weiter draussen in grossen Linien sich wiederholt, sodass ich wohl verstehen kann, warum die Rügenschen Landstände den König Friedrich Wilhelm IV. bei seinem letzten Besuche der Insel gerade hierher auf den „Hoch-Hilgoor" zu führen beschlossen, um dem „Fürsten von Rügen" sein schönes Inselreich zu zeigen. Ich bin fest überzeugt, dass es nur einige Fingerzeige in der Reiseliteratur Rügens, wie z. B. hier meines Führers, bedarf, um die herrlichen Gelände am Jasmunder Bodden vom „Hoch-Hilgor" bis „Lietzow" hin, die jetzt selten nur der Fuss eines Wanderers betritt, und die sich infolgedessen ihre ganze einsame Romantik bewahrt haben, dem modernen Fremdenverkehr einzuverleiben. Die „guten alten Zeiten" aus der Periode des Stralsund-Ralswiek-Polchower Dampfers „Herta" werden wiederkehren, und diese landschaftlichen Schönheiten Rügens, die bisher Hiddensees Dornröschen-Schicksal geteilt haben, werden sich beleben und wieder bekannt werden und noch manches schönheitstrunkene Auge entzücken. Das malerische Neuenkirchen und Vieregge, das kleine

Vitt und Puttgarten bei Arkona, den schön bewaldeten Baakenberg am Wittower Weststrande, wie das kleine Dörfchen Dranske sieht mein in die Zukunft schweifender Blick dem Fremdenverkehr und als dauernden Aufenthalt für Sommerfrischler sich erschliessen, solchen nämlich, die nervenstärkende Ruhe, einfaches Leben und unentweihte Natur lieben! Wie ich vor 17 Jahren meinem geliebten Hiddensee sein Schicksal kündete, so künde ich es Euch heute wieder Ihr lieblichen Orte im Westen meines schönen Rügenlandes! Werdet, was Ihr sein könnt: Segens- und Erholungsstätten für die abgearbeitete, erholungsbedürftige und immer noch naturfrohe Menschheit! Heute, nach 6 Jahren schon, hat Dranske längst Sommergäste und einen rührigen Badeverein (s. Inserat).

Um vieles vereinfacht sich die lohnende „Hoch-Hilgoor-Tour" in folgender Weise: per Kleinbahn nach Station „Neuendorf", dann zu Fuss bis zu dem Dorfe Neuenkirchen (½ Std.) via Hoch-Hilgoor und über den Kirchenberg, hinunter an den Boddenstrand nach dem Gutshofe Laase, und von hier aus per Boot nach der kleinen bewaldeten Halbinsel Liddow hinüber, welche das herrliche Rittergut gleichen Namens und einen beneidenswerten Herren-Sitz am Jasmunder Bodden bildet. Von Liddow wandert man nach den Bantzelvitzer Bergen, einem bewaldeten hohen Ufergelände am Jasmunder Bodden mit herrlicher Fernsicht weiter, umgeht den Caminer See, und hält die Richtung nach Ralswiek, dem Herrensitz des Grafen Douglas, der sogenannten „Perle des Jasmunder Boddens", inne. Jede bessere Karte von Rügen zeigt von Ort zu Ort den richtigen Weg, wozu auch die Wegweiser das ihrige beitragen. Ein Verirren ist fast gänzlich ausgeschlossen, Proviant ist unbedingt mitzunehmen, da von Neuenkirchen bis Ralswiek bei 4—5 stündiger Marschdauer kein Gasthaus anzutreffen ist. Der herrlichste Buchenschatten empfängt uns an der Grenze des wunderbaren Herrensitzes, und begleitet uns hinab bis zu „Meisters Gasthof" am Strande des Boddens, von dessen Uferhöhe das stolze Grafenschloss, in edelstem Renaissance-Stil und unter Aufwand von Millionen und in kürzester Zeit aufgeführt, zu dem überraschten Reisenden herniedergrüsst. Leider ist Eintritt in Park und Schloss den Fremden verwehrt, und doch ist Ralswiek und Umgegend ganz allein schon wert, dass man hinpilgert, um seinen geradezu ans Wunderbare grenzenden ländlichen Frieden zu geniessen. Ich wenigstens habe auf Rügen noch nicht seinesgleichen gefunden, und solch harmonischen Zusammenklang von uralter Kultur mit grandioser Natur-Schönheit. Ralswiek ist eine echte Perle im Diadem des Fürstentums Rügen.

Und auf ebenso wunderbar schönen Uferwaldwegen mit köstlichen Ausblicken über den blauen Boddenspiegel wandern wir weiter nach der „Rügenbahn-Station" Lietzow, wo wir in Heidmann's Gasthof freundliche Aufnahme und Erquickung finden, um am anderen Tage via Breege mit dem Motorboot nach Hiddensee zurückzukehren. Auch Lietzow, am Treffpunkt des Kleinen und Grossen Jasmunder Boddens befindlich, hat eine wunderbar schöne, landschaftliche Lage, und ist seit einigen Jahren von zahlreichen Sommerfrischlern besucht. Hat man doch von hier aus nach dem skandinavischen Hafen von Sassnitz nur reichlich eine halbe Stunde zu fahren, und ebenso günstig ist von dort aus Bergen, das Bahnzentrum Rügens zu erreichen mit seiner Zweigbahn Putbus-Lauterbach, und der hieran anschliessenden Kleinbahn Binz-Jagdschloss-Sellin-Göhren und Thiessow und Baabe (Hafenstation des Strals. Hidd. Dampfers „Käthe"). Das kleine Lietzow, von wo aus man auch der Insel Pulitz, durch Philipp Galen's „Strandvogt von Jasmund" berühmt geworden, und im kleinen Bodden liegend, einen Besuch machen kann, dürfte durch die Breeger Motorverbindungen eine der „bekanntesten Rügenbahn-Stationen" werden. Seine landschaftlichen Schönheiten werden zur rechten Schätzung gelangen, da bisher den Durchreisenden so gut wie gar kein Aufenthalt zur Orientierung gewährt wurde. Hier werden sich fortan die zahlreichen Fremden des „Ost"- mit den Besuchern des „Weststrandes von Rügen und Hiddensee" die Hand reichen, und Lietzow wird das „Tor" sein, durch welches der „Oststrandler" in das Reich ihm bisher noch ungekannter landschaftlicher Schönheiten des berühmten Ostsee-Eilandes Rügen auf das bequemste und billigste geleitet und geführt wird.

Grössere und mehrtägige Ausflüge würden z. B. die folgenden sein:

13. Von Arkona aus mit den in den Saison-Monaten täglich verkehrenden Dampfern oder Sassnitzer Motorbooten an der Rügenschen Küste entlang via Lohme, Stubbenkammer, Sassnitz-Krampas, Binz, Sellin, Baabe, Göhren bis Thiessow hin, resp. mit der Rügenschen Hauptbahn oder den Kleinbahnen ins Innere Rügens (Jagdschloss, Putbus-Lauterbach, Insel Vilm und Bergen mit Rugard) weiter (s. Fahrpläne) oder aber: via

14. Lietzow über Sassnitz oder Bergen nach den vorgenannten Orten.

15. Würde „eine mehrtägige Ausflugstour" mit dem Dampfer „Käthe" via Stralsund nach Baabe auf Mönchgut (unweit Göhren) in sich fassen, von wo aus man wieder per Kleinbahn alle vorgenannten Orte der Ostküste bequem zu erreichen vermag, die überdies unter sich wieder durch zahlreiche Motorboote und Dampfer verbunden sind, auf denen man eine äusserst lohnende Küstenfahrt fast stündlich unternehmen kann. Auch ist mit dieser Tour ein eingehender Besuch Stralsunds und seiner Umgebung (Altefähr, Grahlfähr, Devin, Niederhof) vereinbarlich.

Aus Vorstehendem erhellt, wie bequem und billig von Hiddensee aus jetzt Rügentouren zu unternehmen sind. Man studiere vorher aber Landkarten und Fahrpläne auf das Genaueste, versehe sich reichlich mit kalten Speisen, man nehme für die küblen Abende ein warmes Plaid mit und — — man berufe sich, wo man auch einkehre, auf den „Einsiedler von Hiddensee" und sein Buch, und benutze fleissig seinen Inseratenteil (siehe diesen).

XIII.

Gib Dir nicht unnütz Mühe! **Deine Zeit**
Ist um, Du Swantipriester! — Hör' mich an:
Ein **Weltgesetz** stösst Dich von dem Altare,
An dem Du treu dem falschen Gott gedient!
Ich bin nur **Werkzeug** in dem grossen Plane!
„Das **Kleine** ist dem **Grossen** unterworfen,
„Das **Schwache** räumt dem **Stärkeren** den Platz!
„Was heut mit **Recht** besteht, ist morgen **nichtig**!
„Denn mit der Menschheit wächst auch die **Erkenntnis**
„Von „Gott und Welt", und nimmer steht sie still! — —
„Drum werde ich, statt Deiner, jetzt hier walten!
„Auf! Räume mir den Platz an dem Altar!

(A. Ettenburg.)   (aus „Swantiwits Fall". Abt Gordino.)

Eine meiner Hiddenseer Schöpfungen, die meinen Namen im lieben deutschen Vaterlande bekannt gemacht, war einst das Hiddenseer „Natur-Theater", welches ich mit meinem für diesen Zweck verfassten Hiddenseeer Festspiele „Swantiwits Fall" im Sommer 1900 in dem mittleren Teile der „Swantiwit-Schlucht" unter Mitwirkung meiner zweiten Gattin als „Helga" wie unter der von Badegästen und eingeborenen Hiddenseern, eröffnete, und zwar unter allgemeinem Beifall von Publikum und Presse. Das Stück hat bisher 5 Aufführungen gehabt und ist in Buchform in meinem eigenem Verlage erschienen. Preis 0,30 Mk. Ich war nicht nur hierbei als „Direktor", „Regisseur" und „Schauspieler" tätig, sondern auch als „Kostüm-Schneider", „Ober-Garderobier" und „Theater-Friseur"!!! Es war ein furchtbares Stück Arbeit, welches ich von Dienstag abend bis Sonntag nachmittag vollbrachte, selbstverständlich unter der Mithilfe zweiter und dritter Personen, unter denen meine zweite Gattin im Vordergrunde stand. Natürlich spielen wir hier bei Tageslicht und ohne die Hilfsmittel der „Schminke". Aber die erhabene Szenerie Hiddensee's gab meinen Aufführungen einen unnachahmlichen Reiz und Hintergrund, sowie das Rauschen des Meeres eine Begleitungsmusik, wie sie stimmungsvoller und erhabener wohl kaum gedacht werden kann, wenn auf der oberen **Naturbühne** der „Swantiwitschlucht" Iphigenien's hohe Priester-Gestalt in flatterndem

Gewande mit Goethe's herrlichen Versen aus dem weissen griechischen Tempel Portikus, laut klagend, trat:
Und gegen meine Seufzer bringt die Welle
Nur dumpfe Töne brausend mir herüber. — — —

Es ist klar, dass ich aus Goethe's Meisterwerk nur einzelne Szenen auswählen und aneinanderreihen konnte, da mir die Akteure fehlen, und ich selbst den „Orest" kreïren muss, dennoch blieb die Wirkung sowohl der Iphigenien-Szenen wie derjenigen des I. Aktes aus Grillparzers „Sappho" eine stets unbeeinträchtigte bei einem verständnisvollen Publikum, das auf grüner amphitheatralisch ansteigender Grastrift sitzend, sich infolge der sonntäglichen Extrafahrten sehr zahlreich einfand und oft nach hunderten zählte, zumal kein Entree erhoben wurde, sondern nur eine freiwillige Sammlung stattfand.

Seit Sommer 1904 hatte ich auch auf meiner oberen Naturbühne griechische Pantomimen und Barfuss-Tänze à la Duncan zur Aufführung gebracht, sodass meine vor 34 Jahren durch Balletmeister Knoll in Hamburg erworbene Tanzfertigkeit erst hier ihre Entfaltung und Verwertung findet.

Ich muss gestehen, dass mir diese leicht geschürzten Barfuss-Tänze viel Freude machen und viel Beifall eingebracht haben. Es liegt in der grossen Mumpitz-Macherei Miss Isadora's doch eine recht tiefe Wahrheit, die beherzigt werden müsste: Der Barfuss-Tanz gibt dem menschlichen Fusse seine natürliche Grazie wieder, und das leichte Gewand der Körperlinie die naturgemässe unbehinderte Ausdrucksmöglichkeit. Es ist, mit einem Worte gesagt: „Die Befreiung von unnatürlichem Zwange, und die Rückkehr zu schrankenloser Natur in künstlerischer Betätigung". Diese meine Natur-Theater-Aufführungen zählten auf Hiddensee, einst, ich darf es mit gerechtem Stolze sagen, zu den beliebtesten Unterhaltungen der Saison. Und heute noch sind es die Veranstaltungen meiner ungemein beliebten Original-Unterhaltungsabende, im alten Hiddenseer Nationalkostüme, an denen ich die Eigenart von Land und Leuten in humoristischer Weise unsern Fremden in „Wort und Lied" vorzuführen pflege. Auch soll im Dünengelände von Vitte-Süd mit seiner wild zerrissenen, romantischen Szenerie schon mit diesem Sommer wieder eine „Freilicht-Bühne auf Hiddensee" ihre Auferstehung feiern und zwar mit

Alexander Ettenburg als „Orest" auf dem Hiddenseer Natur-Theater im Jahre 1900.

einer für diesen Zweck und diese Sznerie von mir neu verfassten dramatischen Dichtung: „Fee Hidde und der Einsiedler".

XIV.

Noch immer klingen im Pommerland
Vergangener Zeiten Geschichten
Und was nicht Begeist'rung und Liebe tat
Das muss die Sage erdichten!
Am „Dornbusch" wars auf Hiddensee
Dass ich die Sage vernommen,
Am „Gellen" ist auf Hiddensee
Die Kette ans Land gekommen.
(Aus „Regenwetter" v. *Fr. Borgwardt*-Wolgast.)

Was die geschichtliche Vergangenheit unserer „Perle" der Ostsee und ihre erste Blütezeit in der Mönchs-Periode des Mittelalters anlangt, so lasse ich Herrn Redakteur Freybourg-Berlin in seinen sehr gründlichen, aus alten Archiven mühsam zusammengetragenen „Gesammelte Notizen über die Insel Hiddensee" folgendermassen berichten:

„Der Name ist abgeleitet von einem Eigennamen „Hiddens" in derselben Weise wie das Süderdorf Plogshagen nach einem deutschen Ansiedler namens „Plog" benannt wurde. Die Erklärung „Hütteninsel" ist unhaltbar, weil der Name Hiddensoi schon vor der germanischen Einwanderung bestand.

Die Insel Hiddensee wird zum ersten Male erwähnt im Jahre 1159 von dem bekannten Geschichtsschreiber Saxo Grammaticus. In diesem Jahre zog der dänische König Waldemar gegen die „Wenden" und landete auf Hiddensee. Im Jahre 1165 zog Waldemar wiederum nach Rügen und verheerte die Provinz Arkona (das heutige Wittow). Bis zu Ende des 13. Jahrhunderts liegen keine weiteren Nachrichten vor.

1296 übergab Fürst Witzlaff dem Kloster Neuenkamp (bei Franzburg in Pommern) die Insel „Hiddensoi" um ein Cisterzienserkloster darauf auzulegen.

Das Kloster wurde 1297 gestiftet und von dem dänischen Bischof Stigor geweiht. Der Bau muss sehr schnell gefördert worden sein, denn schon 1297 schenkte Heinrich v. d. Osten sein Gut Zarrentin dem Kloster usw.

1302 separierte der Bischof von Rönskilde Hiddensee von der Kirche zu Schaprode, teilte die Einwohner der Kirche Oehelland zu und die Seelsorge dem Kloster.

1306 trat der Abt Peter an den Rat in Stralsund eine Wiese auf dem „Gellen" (Südspitze H.) zur Errichtung eines Leuchtturmes ab (jetzt ist neuerdings dort wieder eine sogenannte „Feuer-Bake" errichtet), welche den Seefahrern zur Kenntlichmachung des Fahrwassers dienen sollte.

1306 erlaubte Olaf von Rönskilde dem Kloster zu H. ein Krankenhaus anzulegen.

Im Jahre 1368 entstand ein Brand im Kloster, wobei die vor dem Tore liegende Kapelle zum Opfer fiel. Statt ihrer wurde nun die neue Klosterkirche erbaut, 1410 vollendet und von Vikarius Johann v. Rönskilde geweiht. Kaiser Sigismund bestätigt 1400 dem Kloster seine reichen Güter und vielen Gerechtigkeiten.

Die Pommernherzöge Georg und Barnim bestätigen ihrerseits dem Kloster 1527 alle Privilegien, Gerechtigkeiten und Freiheiten. Über den grossen Güterbesitz des Kloster H. im Jahre 1336 gibt Steinbrinck folgendes Verzeichnis usw. An der Gründung der Universität Greifswald beteiligte sich das H. Kloster durch Hergabe bedeutender Geldmittel; auch hatte der Abt von Hiddensee das Vorrecht, einen „Bischofstab" zu führen und vom Papste ward dem Kloster das Ehrungszeichen der „geweihten goldenen Rose" verliehen.

1538 wurde vom Landesherrn ein Rentmeister ernannt, und der letzte Abt und Prior übergab Sonntag nach St. Gallen das Kloster an die Herzogliche Regierung. Sämtliche Bewohner des Klosters wurden nach Rönskilde in Dänemark versetzt und vom dortigen Bischof gastlich aufgenommen.

Anno 1573 wurde das H. Rentamt mit dem des Klosters zu Bergen a. R. vereinigt. Seit dieser Zeit begannen die Klostergebäude zu verfallen. Der 30jährige Krieg 1618—1648 und nordische Krieg von 1700—1720 vollendeten das Zerstörungswerk (immer ist der „frische fröhliche Krieg" der Mörder aller Kultur!!) bis auf die wenigen Reste, die heute noch bestehen. Auf Hiddensee aber sollen, so geht die Sage, die Mönche ihre Schätze in einem alten Steinhügel-Grabe verborgen haben (12 goldene Apostel-Statuen darunter), bevor sie die Insel verliessen. Wachenroder erzählt: „Einem Schiffer soll in Spanien von einem Mönche, nachdem dieser erfahren, dass der Mann aus Stralsund und aus der Nähe von Hiddensee sei, gesagt worden sein: dass auf dem Eilande noch grosse Klosterschätze vergraben liegen, über welche im Vatikan zu Rom ein genaues Verzeichnis vorhanden wäre — aber nur die Geistlichen, die eingeweiht, wüssten dieselben zu finden usw.". — Beim Neubau von „Haus Hitthim" fand man etwas wie einen unterirdischen Gang; derselbe wurde aber nicht untersucht, sondern einfach überwölbt, um den Weiterbau nicht zu stören. O! O!
(Der Verfasser.)

1797—1799 wurde von einigen Stralsunder Juden eine nicht unergiebige Bernsteingräberei auf H. betrieben, für welche sie 300 Taler Jahrespacht zahlten.

In der im Jahre 1785 erbauten jetzigen Kirche befindet sich ein Leichenstein: derselbe gehört zum Grabe des Abtes Johannes Runeberg † 1475 und ist zufällig in die Kirche gekommen.

Im Jahre 1883 stellte der Verfasser dieser Schrift auf dem alten Klosterterrain Nachgrabungen an, die wohl interessante aber keine wesentlichen Resultate, weil zu früh abgebrochen, ergaben.

Um 1755 legte der Kammerrat und Besitzer H.'s von Giese auf der Insel eine Ton-Schlemmerei an (in der Nähe des jetzigen Ostmerksteins), deren Erzeugnisse noch heute im Stralsunder Provinzial-Museum gezeigt werden.

Im Jahre 1835 verkaufte Hauptmann v. Bagevitz die Insel, nachdem diese Familie seit 1800 Besitzer gewesen. an ihre heutige Eigentümerin, das Kloster zum Heiligengeist in Stralsund.

In einer Nummer der bekannten „Stralsundischen Ztg." vom September 1785 steht folgende diesbezügliche Bekanntmachung: „Die Insel Hiddensee, $2^{1}/_{2}$ Meilen lang und an einigen Stellen $^{1}/_{2}$ Meile breit, soll verkauft werden usw. Es wird für die Insel 36000 Taler geboten usw.".

Zum Schluss bemerkt Herr Freybourg noch: „Im Spätherbst 1889 soll ein Berliner Finanz-Konsortium, welches ein „Seebad" mit modernem Komfort anlegen will, mit der Klosterverwaltung wegen Ankaufs der Insel in Beziehungen getreten sein. Jedenfalls würde erhöhte Frequenz des Badeortes dem Gutspächter und vielen Einwohnern des „söten Lännekens" grossen Gewinn bringen!"

Ich bemerke zu diesem Schlussatze nur noch: dass es erst meinen fortgesetzten Bemühungen in Wort und Schrift gelungen ist, Hiddensee zum „Seebade" mit jezt über 2000 ständigen Sommerfremden und über 50000 Extrafahrern zu machen und somit den durch den Rückgang der Fischerei so dringend notwendig gewordenen „sozialen Dienst" zu leisten! Gott helfe mir bei meiner Aufgabe auch fernerhin weiter!! Meine vielfachen Terrainankaufs-Vermittelungen zu Vitte-Süd bestärken diese meine Hoffnung ja aufs Beste.

Bezüglich des Abschlusses des „Geschichtlichen Teils" will ich noch bemerken, dass vor dem 30jährigen Kriege der flache Wiesenteil zwischen Kloster und Vitte einen uralten Eichenbestand trug, der erst auf Befehl Wallensteins durch Feuer vernichtet worden ist, um den verteidigungslustigen „Stralsundern", unter ihrem heldenmütigen Bürgermeister Lambert Steinwig, das Holzmaterial zu Befestigungswerken in der Nähe ihrer Stadt zu rauben. Dass dieser Eichenwald tatsächlich sich auch bis in die Nähe der „Süderdörfer" erstreckte, ergeben zeitweilige Funde von mächtigen, halbverkohlten Baumriesen an der flachen Küste des Weststrandes in der Ostsee, welche, durch Fischer wieder zu Tage gefördert, zugleich den Beweis liefern: wie sehr das gierige Meer gerade hier die Küsten unsrer Insel benagt und verschlingt. Dagegen sollen die Schanzen auf der „Fährinsel", wie auf Rügen gegenüber bei „Seehof", ihre jetzige Gestalt in der Napoleonischen Zeit zu Anfang des 19. Jahrhunderts erhalten haben, jedoch aus der „Wallenstein-Zeit" ihren Ursprung ableiten. Auch ein Seegefecht hat im 1870er Kriege bei H. stattgefunden: die von mir eingefügte Kartenskizze bezeichnet die Gegend desselben.

Alexander Ettenburg
im alten Hiddenseer Nationalkostüm.

Eine eigene Ur-Volkstracht, ähnlich der heut auf „Mönchgut" noch üblichen, haben die alten Hiddenseer gleichfalls besessen. Ich habe dieselbe für den Zweck meiner „Original - Vortrags - Abende" wieder zu beleben versucht. Auf der Insel selber ist dieselbe jedoch ganz verloren gegangen. Nur das Vermeiden bunter Farben seitens unsrer weiblichen Bevölkerung besagt mir klar und deutlich: wie wenig „wendische" Einflüsse auf Hiddensee haften geblieben! — Nur der allgemein übliche „Helgoländer Hut" erinnert hier, wie auch auf ganz Rügen, an das bekannte „wendische Kopftuch". Die weite flatternde Leinwandhose der Mönchguter sieht man dagegen auf H. die Männer nur noch bei der Arbeit tragen und die meist selbstgefertigte Jacke wird jetzt durch den auch von alten Leuten getragenen kurzen „Jecker" ersetzt. Auch die Form der Mützen scheint neuerdings einen Wechsel erfahren zu wollen. — Das Baumaterial der alten Hiddenseer Häuser war früher Torfziegel oder Rasen-Quadrate. Das Holz des Fachwerkgestühls lieferten die zahlreichen Schiffsstrandungen, daher noch das bekannte offizielle sonntägliche Kirchengebet: „Gott segne den Strand". Schornsteine hatten die niedrigwandigen Hütten überhaupt nicht, der Rauch zog durch das hohe, pyramidal geformte Strohdach ab. Der Verfasser geht mit dem Plane um: ein altes derartiges Vitter Fischerhaus jetzt durch Ankauf wieder vor Abbruch zu retten, um den alten Häusertyp erhalten zu sehn; er bittet alle Interessenten, ihn hierbei zu unterstützen und sich mit ihm verbinden zu wollen. Verhandlungen mit dem Besitzer sind eingeleitet. Als „Brennmaterial" verwandten die Alten Torf und getrockneten Kuhdünger. Die Feuerungsanlagen waren vor Beginn der Badezeit, also vor 10—15 Jahren, noch die denkbar primitivsten: ein gemauerter Herdsockel mit Holzfeuer unter einem Dreifusse, darüber der „Wiem", der weitgehende Schornstein, oder das Rauchloch zum Bodenraume. Die Zimmer dieser alten „Häuser", von denen gar keine leider mehr im „Urzustande" anzutreffen sind, waren oft so niedrig, dass man nur gebückt darin aufrecht stehen konnte. Ebenso niedrig waren auch Türen und Fenster. Erst seit der Sturmflut von 1872 kam Besserung und Wandel in die Neubauten der Insel, indem viele jener alten, aber interessanten Hütten (s. altes Vitter Rauchhaus, von Herrn Wentzlaw nachmodelliert in Kastens Gasthof zu Neuendorf) von der mächtigen Novemberflut hinweggespült wurden. Ich hätte gar zu gern jenes alte Vitter „Haus" als H. Museum für die Nachwelt erhalten gesehen; als ich jedoch von Berlin im späten Frühling 1900 zurückkam, hatte man es aber bereits abgebrochen. Der dafür geforderte Preis von 600 M. war schon durch Freunde der Insel zusammengebracht. — Nur auf der Fährinsel und in Grieben finden sich noch annähernd alte Bauwerke, darunter das früher mir gehörige Dielenhaus der „Schwedischen Bauernschänke", und jenes oben genannte Haus in Vitte-Mitte (Fischer Carl Witt.)

Ich komme nun zu den Hiddenseer Goldfunden. Der bedeutendste ist der berühmte Hidd. Goldschmuck, der jetzt eine Hauptzierde des Stralsunder Provinzial-Museums auf dem dortigen Rathause bildet. Er ist ein Meisterwerk nordischer Goldschmiedekunst aus reinstem Metalle gefertigt, wie mir der Berliner Goldschmied Telge, der Hoflieferant Carmen Sylvas, der rumänischen Königin, versicherte. Herr Telge, Holzgartenstrasse wohnhaft, hält Vervielfältigungen der einzelnen Schaken-Kreuze nach getreuen Gipsabgüssen des kostbaren Hiddenseer Schmuckes in seinem Geschäfte zum Verkauf. Die mächtige Sturmflut von 1872 wusch bei den Süderdörfern die einzelnen Teile aus dem Dünensande. In letzter Zeit hat die Dichtkunst sich der Hiddenseer Goldfunde angenommen, und es entstanden Erzählungen in Poesie und Prosa über diesen Gegenstand. Sehr schön empfunden und tragisch belebt ist Friedrich Borgwardt's, eines geborenen Wolgaster, Dichtung hierüber, die in seinem neuesten Werke „Regenwetter" zum Abdrucke kam, und von mir gern rezitiert wird. Ferner behandelte der frühere Stralsunder Ratsherr Maas diesen Gegenstand in seiner interessanten Prosa-Erzählung „Der Goldschmuck von Hiddensee". Den zweiten Goldfund, in Form eines plump gearbeiteten Armringes von fast $3/4$ Pfd. Reingold-Schwere machte 1888 der jetzige Strandvogt von Hiddensee, J. Schluck, der Schwager des Gastwirts Gau in „Kloster", beim Steinzangen in der offenen Ostsee im Norden unterhalb des Dornbusches. Diesen Goldfund habe ich selbst meiner Erzählung: „Der Ring von Hiddensee" zu Grunde gelegt. Weil aus einer Tiefe von über 6 Fuss zu Tage gefördert, wurde nach längerer Prüfung dem Finder der alleinige Besitz behördlicherseits zugesprochen, woraufhin Schluck besagten Ring an das Berliner Kunstgewerbliche Museum für 3000 Mark verkauft hat. — Einen dritten Fund, in Gestalt von Goldbarren in einem Kästchen, sollen vor vielen Jahren Hidd. Fischer auf einem Steinriff, in der Richtung nach Möen zu, gemacht haben; jedoch ist bestimmtes hierüber nicht zu ermitteln gewesen, und mag wohl auf die beliebte Redensart der Hiddenseer: „se. seggen" zurückzuführen sein. — Es will mir wie eine Eigentümlichkeit erscheinen, dass die Hiddenseer über so gar keine eigenen Ortssagen verfügen, obgleich die guten Leutchen bezüglich mittelalterlichen Aberglaubens eine geradezu „blühende Phantasie" besitzen. Der spukhaften Abenteuer-Erzählungen gibt es unendlich viele. Ein solcher „Spök" ist auch der von der „weissen Frau", die im Bergwalde umgehen soll. Ich habe diesen Stoff neuerdings dichterisch zu begründen gesucht, und werde später meine „weisse Frau von Hiddensee" als „erzählendes Gedicht" erscheinen lassen.

Erwähnen möchte ich doch noch der kleinen Sagengeschichte von der Entstehung Hiddensees, welche Dr. Haas auch in sein bekanntes Rügen-Sagenbuch aufgenommen hat. Dieselbe ist ja etwas derb, aber von echt niederdeutschem Humor durchweht, sodass sie bei dem entsprechender Vortragsweise, namentlich in „plattdeutscher" Mundart, getrost vor nicht gerade allzu zarten Frauenohren vorgetragen werden kann. Ich habe mir dieses Vergnügen gern und oft bereitet. Ist doch auch manch einer meiner vielen Hiddenseer Original-Vorträge etwas „gewürzter" Natur, und doch hat eine dezente Wiedergabe der Eigenheiten dieses urwüchsigen Insulaner-Menschenschlages in Vortragsform noch kein Ohr meiner Hörer verletzt und beleidigt.

Die geologischen Verhältnisse der Insel Hiddensee, die ihre Entstehung lediglich den Einflüssen des Wassers, wie ganz Rügen, mit dem sie ja einst verbunden war, zu verdanken hat, sind in ihrer Eigenart hochinteressante für den Wissenschaftler, wie namhafte Mitarbeiter vom „Globus", und besonders der berühmte Geologe, Professor Credner-Greifswald, nebst seinem ebenbürtigen Schüler, Dr. Johannes Elbert-Münster, mir versichert und gezeigt haben. Da ich kein Fachmann bin, so will ich mich über das dem Fremden „Augenscheinliche" hier auslassen, welches in den kolossalen „Zusammenbrüchen und höhlenartigen Unter- und Einwaschungen" der Tonmergel-Steilküsten des gesamten Dornbusch-Hochlandes von West nach Ost hin zu Tage tritt, und an welchen schon in früheren Jahren hier gewesene Fremde zu ihrem Entsetzen eine geradezu riesenhafte Abnahme Hiddensees in diesen seinen schönsten Teilen laut klagend konstatieren, ganz abgesehen von den andauernden Küsten-Abwaschungen des Flachlandes durch Meeresströmungen und Brandung, denen man ja gegenwärtig, etwas spät allerdings, im Süden durch den schon genannten Dammbau zu begegnen sucht und, wie es scheint, auch in wirksamer Weise. Die schöne Berglandschaft Hiddensees aber, allen Dräuen der Witterung schonungslos ausgesetzt, scheint dem endlichen Untergange, wie Helgoland in späteren Jahrhunderten unaufhaltsam geweiht zu sein! Gähnende Spalten ziehen sich in grossen Abständen vom Ufer den Wald entlang, und bilden tiefe, von beiden Seiten einsinkende, grabenartige Schluchten, an deren Rändern die immergrünen Föhren ihre Wipfel zu neigen beginnen, bis sie schräger und schräger stehend, den unter ihnen wegfallenden, gewaltigen Bergmassen nachstürzen, sodass ich meinen geliebten Bergwald in jenen Regionen von Jahr zu Jahr tränenden Auges sich mehr und mehr lichten sah: Ganze Strecken jener in Bewegung befindlichen Gelände sind innerhalb der letzten 17 Jahre kahl geworden und haben aufs neue angeforstet werden müssen. Draussen aber blaut sie in ihrer wunderbaren Schöne, die herrliche — die tückische Ostsee, die blindwütende Zerstörerin so vieler Schönheit, die meine Seele so innig liebt! Darum griff ich zur Feder, und schilderte meinem Landesherrn, Deutschlands Kaiser, das Weh und Schicksal Hiddensees:

> „Ich bin zu Ende; die Träne mir quillt
> „Erschau ich im Geiste, was hier sich erfüllt!
> „Denn geht es so weiter mit Hiddensees Strand,
> „Dann war einst o Kaiser, dies herrliche Land!
> „Und Tausende kommen und wandern schon her,
> „Zu leichtern die Seele vom Leben oft schwer!
> „Ist doch die „Perle am Westenstrand"
> „Von Rügen — der Ostsee Helligoland:
> „Drum fleht jetzt sein Siedler zur Throneshöh:
> „Komm', Herzog von Pommern, schütz' Hiddensee!"

Zur Erklärung des traurigen Schicksals Hiddensees bezüglich seiner Zerstörung will ich noch hinzufügen, dass vier Momente dabei in Anrechnung kommen:

Erstens die unglückliche Beschaffenheit des Berglandes, welche aus mächtigen Tonlagern besteht, die gerade in der Höhe des Meeresspiegels zu Tage treten, und infolge ihres auflösungsfähigen Materials von den ewig nagenden Wellen unterwaschen werden, sodass jene gewaltigen Erdrutsche, durch Oberdruck erzeugt, einfach stattfinden müssen. Hat doch die Hand des gierigen Menschen die natürlichen Wellenbrecher dieser Küstenstriche, die grossen Steine teils vom Strande selbst und aus seichter Meerestiefe, gesammelt, in Fahrzeuge gepackt und zu Bauzwecken in steinarmen Küstenorten Rügens und Pommerns zu Gelde gemacht: die sogenannten „Steinzanger" haben, unwissentlich allerdings, eine schwere Schuld auf sich geladen. Das zweite Moment bilden die Süsswasser-Ansammlungen in den Tiefen des Berglandes, und deren teils unterirdische Abflüsse in das Meer: so bilden sich Hohlräume in den Bergen, jene grabenartigen Einsenkungsspalten und Gruben eben, von denen ich bereits sprach. Das dritte Moment ist der fast immerwährende Wind, welcher in die sandigen Bergkuppen tiefe Löcher frisst, und die Spuren seiner Tätigkeit oft tief in die Talschluchten hineinstreut, indess das vierte Moment der Winterschnee und Frost ist: Ersterer durchfeuchtet die riesenhaften, oft fast senkrecht erscheinenden Tonmergelwände — dann kommt der Frost, der tief in sie eindringt — — und küsst nun die warme Frühlingssonne die malerischen Gelände des Berglandes — — — dann stürzen sie, mürb' und bröcklich geworden, in die gähnende Tiefe, den Strand weithin versperrend! Doch ach, nicht lange!! Gar bald beginnt die gefrässige See ihre Aufräumungsarbeiten wieder und man wird staunen, mit welchem Erfolge und in welch kurzer Zeit! So geht es von Jahr zu Jahr weiter, so ging es seit Jahrhunderten schon, und so wird es weiter gehen, wer weiss — wie lange noch! — Man hat von Abböschungs-Arbeiten der herrlichen Steilufer gesprochen, von einer künstlichen Steinumwallung des schnöd beraubten Bergland-Fusses. Wer mag heute mit Bestimmtheit sagen können, was hier Hilfe bringt und sich bewähren wird? Eines aber ist gewiss: Geschehen muss etwas — über kurz oder lang, sonst wird auch der Leuchtturm gefährdet, und dieses Bauwerk repräsentiert weit über eine halbe Million Mark. Hoffen wir aber auf die Zukunft! Ruht doch der Blick des Landesvaters, des „Schirmherrn" der „Halligen", auf dem „Helgoland der Ostsee". — Er wird uns nicht verlassen in „Sturm und Drang". Das walte Gott!

Neuerdings wird behauptet: die ganze Fundamentsohle Hiddensees sacke noch weiter, wie viele Stellen des Ostseeufergeländes; das ganze Becken derselben entstand ja durch Sackung eben. Daher auch die rätselhaften trichterartigen Zusammenbrüche am Bergwaldinnern. Ich muss gestehen, dass diese Erklärung mir am meisten einleuchten will. (Der Verfasser.)

> Es ragen hinauf in die Bläue
> Meeresfelsen gar trotzig und wild,
> Des Dornbusch Höh' ist's, von hehrer,
> Ergreifender Trauer ein Bild:
> Denn immerdar nagen die Wasser
> Und wallen hinan und hinein,
> Bis einstmals wird gänzlich versunken
> Der Fels in den Meerfluten sein!
> Der Wind und der Berg und die Wogen
> Erzählen von trübem Vergehn,
> Das Dunkel ein Dämon bereitet
> All jenem, was herrlich und schön:
> Lasst Hiddensees Schöne versinken
> Im Dunkel der Ewigkeit nicht:
> Das ihrer manch Aug' sich noch freue,
> Erleuchtet vom göttlichen Licht!

Dr. Droop. (Aus dem Fremdenbuch v. Tannhausen.)
(Projektierte Komposition von Albert Baumgart-Berlin.)

XV.
Schlusswort zur 1. Auflage (1905.)

Ich bin zu Ende mit meiner Arbeit, die es versucht hat, dich lieber Leser durch meine schöne Insel, die mit dem Sommer 1905 nun auch den langersehnten Arzt (mit Hausapotheke) erhalten hat, wofür freilich eine kleine, sogenannte „Arzttaxe" erhoben wird, und ihre Umgebungen zu leiten und „Fee Hiddes" wogenumrauschtes Reich dir so zu zeigen, wie ich und viele Andere es erschauen und empfinden! Für viele Tausende, die mühselig und beladen an Geist und Körper, kann dieses immer noch zu unbekannte, schöne Ostsee-Eiland an Rügens schaumumsäumter Westküste eine Segensstätte werden. Eine „Segensstätte" im allerwahrsten Sinne aber für Deutschlands kränkliche Jugend, dann nämlich, wenn „der Traum meines Lebens und Wirkens auf Hiddensee" sich erst einmal erfüllt hat, wenn hier in dieser köstlichen Inselluft ein „Kinderseehospiz" entstehen wird!! Zweimal wandte ich mich hilfeflehend in Gedichtform an unsere regierende Kaiserin Auguste Victoria, einmal auch kurz vor ihrem Ende an weiland Ihre Majestät die Kaiserin Friedrich — alle dreimal jedoch vergeblich! Drei freundliche Kabinetts-Schreiben der hohen Frauen brachten mir „wegen zu grosser Inanspruchnahme" Absagen. Schon glaubte ich später mein Ziel erreicht zu haben, als Professor Dr. Pannwitz, der bekannte Agitator der Anti-Tuberkulose-Bewegung, meinen vielfachen Bitten und Einladungen Folge leistete und mit seiner Familie volle 5 Wochen auf Hiddensee, von dessen hygienischen Eigenschaften er anfangs hingerissen erschien, verweilte. Es war vergebliche Liebesmüh'!!! Fürchtete man in leitenden Kreisen Stralsunds obendrein noch durch ein „Kinderseehospiz" eine Abnahme der Sommerfremden sich entwickeln zu sehen — ganz genau das Gegenteil was ich eben erwarte? Jahre werden vielleicht noch ins Land ziehen, aber kommen muss es, dieses mein „Kinder-Seehospiz". Wir „Grossen" haben kein „Recht", den leidenden „Kleinen", aus elender „Beutel-Spekulationssucht", diese „Segensstätte" zu verschliessen und zu verwehren!! Am „eigenen Ich", körperlich wie seelisch, erkannte und erfuhr ich den Segens-Odem dieser Insel, darum durft' ich nicht länger schweigen und griff wieder zur Feder, wie ich es vor 6 Jahren zuerst tat und schrieb aus heiliger Ueberzeugung und in reiner Liebe dieses bescheidene Büchlein. Das Schlusswort aber soll wieder Otto Wendler haben, der in seinem Werke „Um und durch Rügen" von Hiddensee mit folgenden Worten Abschied nimmt:

„Ein Zauberhauch der Wehmut liegt wie über so vielen Punkten Rügens, so besonders über diesem weltvergessenen traumverlorenen, noch in von der Kultur nur schwach gestreiftem Zustande schlummerndem Eilande: aber gerade dies alles ist der sonderbare Reiz, den diese „Perle der Ostsee" auf jedes für die Stimme der reinen=Natur empfängliche Gemüt ausübt!"

> Schon manche Seele kampfesmüd
> Vergass hier all ihr Weh!
> Dass Gott dich immerdar behüt'
> Du Eiland, wogenschaum umsprüht.
> Mein lieblich Hiddensee!!

*(Reinh. Fuchs-*Dresden.)   (Aus d. Fremdenbuch a. Tannhausen.)
(Frühling 1905.)

Schlusswort zur 2. Auflage. (1912).

Wieder stehe ich am Schlusse meiner zweiten, fleissig durcharbeiteten Buchausgabe! Wieder, wie vor sechs Jahren, werden 1000 Exemplare davon hinausziehen in die „Welt", und draussen meinem stillen Insellande neue Freunde erwerben! Ich lege die Feder nieder und trete hinaus auf die Düne vor meinem kleinen, hölzernen „Strandschlosse". Meilenweiter Aus- und Umblick umfängt mich hier und melodisch rauscht und schluchzt die leise Brandung zu dem einsamen Träumer herüber! „Wie wirds hier draussen im Erika geschmückten Dünengelände aussehen, wenn ich das 3. Tausend meines Hiddenseer Büchleins hinaus in die Welt senden werde." — Und wie wirds ausschauen dann um den sogenannten „Fortschritt" in den Anschauungen der „modernen Kulturmenschheit" — wie mit der „Erfüllung meiner eigensten Pläne und Hoffnungen?" Wird dann wohl vom Süden herüber, von den Grenzen meines kürzlich käuflich erworbenen Dünengeländes die „Flagge des roten Kreuzes" wehen, und zwar vom Dache des „Kinder-Erholungsheims" der Berliner Ferienkolonie, der ich ein Stück Land im Umfange von 2000 ☐Metern schenkungsweise hier zu überlassen gedenke? Und wird auf meinem eigenen kleinen „Privatheime Einsiedelei Mathilde", hinter dem auf meinem Eigentum neu zu erbauenden und zeitgemässen Strand-Café, eine andere Flagge sich zeigen: Die lichte „weisse Weltfriedensfahne" mit dem kreuzerfüllten Ringzeichen des internationalen Theosophenbundes, als sicheres Zeichen: dass der „Einsiedler von Hiddensee" als „Weltfriedens-Wanderredner" tätig geworden ist, durchdrungen von der Wahrheit seiner schlichten Verse:

Notwendig nimmer ist der Krieg
Der Menschheit und Kultur!
Was heute uns beglückt ist Sieg
Der Friedenszeiten nur!! — —

Schon regt' es sich ja am „grünen Tische unser Diplomatie", dieser grössten und unverstandensten „Idee aller Zeiten" praktisch näher zu treten!! Doch sehr, sehr schwer ist unsere Aufgabe: dem so tief eingewurzelten Völkerwahne von der „Kriegs-Notwendigkeit" entgegen zu arbeiten! Aber — wars nicht auch schwer: Hiddensee, mein geliebtes trautes „sötes Länneken", als seltene Blume in den „Kranz unserer schönen Ostseebäder am Strande von Rügen" zu winden? Und wird die Begründung meiner Kolonie „Vitte-Süd" mit ihrem Kinderheime hier draussen am wundervollen, weiten und Erika gesäumten „Dünenstrande" etwa ein Leichtes sein? Ich glaube es kaum! Aber ich habe eine Kraftspenderin zur Seite in seelischer, in körperlicher Beziehung: dich meine herrliche, über alles Erdenleid erhebende Ostsee — — dich, die „letzte Liebe" deines bis in den Tod getreuen „Einsiedlers".

Vollmondzauber auf Hiddensee.

„O Meer mit deinem Silberblick,
Du klarer, unermess'ner Raum,
Du altes Lieblingsspielgefilde
Für Menschensehnsucht, Menschentraum!
Uralter Barde, dessen Lied
Wie Riesensilberharfen brausend
Hin von Jahrhundert zu Jahrtausend
Auf sturmgetrag'nen Rydmen zieht!!
Du warst vor unsern Menschentagen, —
Nach Menschentagen wirst du sein, — —
Vielleicht flichst dann der Menschheit Klagen
Du sinnend deinem Liede ein!!
Du lehrst verachten Leid und Glück
Du·Puls des Weltalls, Spott der Zeit!
Du rollst heran — Du rollst zurück — —
Ein Pendelschlag der Ewigkeit!!"
      (Carl Strecker aus: Sang von Mönchgut.)

XVI.

Bücher und Schriften des „Einsiedlers"
Alexander Ettenburg
wohnt heute zu Vitte-Süd am Dünen-Strande:

1. Die Insel Hiddensee bei Rügen. Informationsbuch. II. Auflage und II. Tausend.
2. Wunna, die Jungfrau von Rügen. Dram. Gedicht und Operntext. Verlag von F. Becker, Sassnitz.
3. Swantiwits Fall, Hidd. Volks-Festspiel. Selbstverlag.
4. Hidde, die Fee d. söten Lännekens. Märchenspiel. Selbstverlag.
5. Brautwerbung a. Tannhausen, Gelegenheits-Schwank. Selbstverlag.
6. De Swinhandel,
7. De Vossjagd tau Vitte,
8. De Tegenzucht,
9. Der Einsiedler von Hiddensee,

   } humoristische Vortrags-Nummern (a. Manuskripte) im Selbstverlage.

10. Ein Tag auf Hiddensee, Original-Schwank in 5 Akten.
11. Dramat. Bearbeitung v. Runebergs „König Fjalar" (aus d. Schwedischen).
12. Dramat. Bearbeitung v. Gesellhofen „Jungfrau v. Kynast".
13. Die Serenade, Operettentext,
14. Der Ring v. Hiddensee. Erzählung,
15. Getroffen. Erzählung v. Ostseestrande,
16. Johanniszauber „   „   "
17. Kl. Geschichten „   "
18. Der Christbaum, erzählendes Gedicht,
19. Ton- und Stimmbildung,
20. Theosoph. Gedanken, } Aufsätze,
21. Abhandlungen über die Feuerbestattung und Tierschutz,

   } liegt alles im Manuskripte vor.

22. Wallenstein v. Stralsund, Hist. Volks-Festspiel. Mus. v. Baumgart.
23. Lorley, ein Operntext.
24. Die weisse Frau auf Hiddensee, eine Sage, erzähl. Gedicht.
25. Vineta, eine Ballett-Dichtung.
26. Der ethische Wert der Röntgenstrahlen-Entdeckung. Ein Aufsatz.
27. Wie ich verbrannt wurde. Cremat. Humoreske.
28. Div. lyrische Gedichte.
29 und 30. Div. Aufsätze, Abhandlungen, Berichte und von Albert Baumgart-Berlin komponierte Liedertexte.

Achtung!
„Der Einsiedler von Hiddensee"
empfiehlt sein
Strandrestaurant und Café
zu **Vitte-Süd.**

Nächste Wege: **via Neuendorf** mit Dampfer **„Strelasund"**, dann am Ostseestrand entlang weiter, **via Vitte** mit Dampfer **„Falke"** und **„Caprivi"** und **via Fährinsel** durch Abbooten mit **allen Stralsunder Verkehrsdampfern!**

!! **Nicht** über Kloster !!

Ergebenst

Alexander Ettenburg,
Einsiedler.

o o o

P. P.

Meinen Gästen stehen vier Badehütten zur Benutzung!

Insel Hiddensee bei Rügen.
Strand-Restaurant und Café
Einsiedelei Mathilde
zu „Vitte-Süd"

empfiehlt sich allen Touristen und Sommerfrischlern von Hiddensee und :: :: vom westlichen Rügen. :: ::

Original-Einsiedler-Postkarten
ooooo **und Schriften.** ooooo

Besitzer und Leiter: **Alexander Ettenburg** noch immer der **Einsiedler von Hiddensee.**

(**Nächster** Weg zum „Strandrestaurant des Einsiedlers" **via Neuendorf** oder **via Vitte,** resp. auch Abbooten **an** der **Fährinsel.**)

Einst stand im Waldesschatten
Das traute Häuschen mein — —
Heut — läd's auf Dünenmatten
Zur Rast den Wandrer ein!!
Doch wo's auch immer ragte,
Am Strand — auf steiler Höh,
Von uns man stets noch sagte:
„Dort find' Ihr Hiddensee"!
„Den eignen Inselzauber,
Den schlanken „Siedlermann"
Uns beide eben trennen
Der Tod allein nur kann!!

Vitte Süd 1912. **Alexander Ettenburg.**

Dampfer-Verbindungen
nach
Hiddensee
zwischen
Stralsund—Vitte a. Hiddensee und Wiek a. Rügen
durch die
Salon-Dampfer „Falke" u. „Caprivi"
Besitzer: G. Bentzien, Wiek a. Rügen.

Von Beginn der Schiffahrt bis zum 15. Juni fährt einer dieser Dampfer werktäglich.

Ab Wiek	7	Uhr Morg.	Ab Stralsund	3^{15}	Nachm.
„ Vitte	8^{15}	„ „	„ Vitte	5^{30}	„
An Stralsund	10^{30}	„ „	An Wiek	6^{45}	„

Vom 15. Juni bis 1. Oktober.

Dampfer „Falke"			Dampfer „Caprivi"		
Ab Wiek	7	Uhr Morg.	Ab Stralsund	8^{15}	Morg.
„ Vitte	8^{15}	„ „	„ Vitte	10^{30}	„
An Stralsund	10^{30}	„ „	An Wiek	12	Mittags
Ab Stralsund	3^{15}	Uhr Nm.	Ab Wiek	5^{30}	Uhr Nm.
An Vitte	5^{15}	„ „	„ Vitte	6^{45}	„ „
„ Wiek	6^{30}	„ „	An Stralsund	9	„ „

Aenderungen vorbehalten!

Durchgehende Fahrkarten von Berlin, Dresden, Leipzig etc. nach Vitte a. Hiddensee.

— Fahrkarten haben auf beide Dampfer Gültigkeit. —

Sonntags Sonderfahrten über Ostsee und Bodden.

Die Salondampfer
„Hiddensee" und „Strelasund"

fahren zwischen

Stralsund, Neuendorf a. H., Schaprode a. R., Kloster a. H.

wie folgt:

Vom Beginn der Schiffahrt bis zum 1. Juli und vom 1. September bis Schluss der Schiffahrt

Kloster	ab	7^{00} vorm.	Stralsund	ab	3^{15} nachm.
Schaprode	„	8^{00} „	Neuendorf	„	5^{00} „
Neuendorf	„	8^{20} „	Schaprode	„	5^{30} „
Stralsund	an	10^{30} „	Kloster	an	6^{30} „

Täglich an den Werktagen.

Vom 1. Oktober, nach Abnahme der Tage, findet die Abfahrt von Kloster 30 Minuten später statt, während die Nachmittags-Abfahrtszeit von Stralsund durch die Tagesblätter bekannt gemacht wird.

Sommer-Fahrplan:

1. Juli bis Ende August täglich an den Wochentagen[*]

ab Stralsund	8^{00} Vm.	ab Kloster-Hiddensoe	7^{00} Vm.
„ „	1^{85} Nm.	„ „ „	10^{30} „
„ „	3^{15} „	„ „ „	7^{00} Nm.

Tagesfahrten zu ermässigten Preisen.

Bei **Tagesfahrten** wird dem Publikum bei **Vormittags-Abfahrt** ein **Aufenthalt von 9 Stunden**, bei **Nachmittags-Abfahrt** ein **Aufenthalt von 4 Stunden auf Hiddensoe** geboten.

Die Dampfer **8 Uhr** morgens und **1,35** nachm. fahren von Stralsund **direkt** nach Kloster, ebenso fahren die Dampfer **10,30** vorm. und **7 Uhr** nachm. von Kloster **direkt** nach Stralsund, jedoch wird, nach vorheriger Meldung von den Dampfern, in Schaprode, Neuendorf und Haiderose (Fährinsel) **an-** und **abgebotet.**

[*] Im Juli und August fährt Dampfer „Hiddensee" oder „Strelasund" **auch an den Sonntagen** laut Bekanntmachung durch die Tagesblätter.

Vereine und Schulen haben Preisermässigung. — Das An- und Abboten geschieht auf Rechnung und Gefahr der Passagiere.

Aenderungen im Fahrplan vorbehalten. Siehe Spezialfahrplan.

A. Prätz, Stralsund
Fährwallstrasse 11.
Fernsprecher 735.

Durchgangs-Fahrkarten von Berlin—Dresden—Leipzig usw. nach Niendorf und Kloster-Grieben.

**Für Baabe a. Mönchgut-Rügen—Stralsund—
Hiddensee—Breege a. Rügen und zurück**

reserviert.

Fahrplan bis zur Drucklegung leider nicht ein-
gegangen.

Der Verfasser.

Der Dampfer

„Germania"

(Kapitän **Luckow** in **Breege**)
fährt Breege—Stralsund und retour und
bootet t ä g l i c h auf seinen Hin- und Rück-
fahrten an der Hiddenseer Fährinsel ab.

Das neu errichtete

„Dünen-Strand-Restaurant und Café"

„Einsiedelei Mathilde" zu Vitte-Süd
empfiehlt sich. Besitzer: Der Einsiedler von Hiddensee
Alex. Ettenburg.
Alleiniger Original-Einsiedler-Postkarten-Verkauf und Esel-Fuhrwerk
zur Benutzung.

Motorbootbetrieb Breege—Lietzow a. Rg. und der Insel Hiddensee

vermittelt **täglich** über **Lietzow a. Rüg.** bis zum Beginn des Herbstes durch den romantischen Jasmunder Bodden den Reiseverkehr zwischen der **Ost-** und **Westküste Rügens** und ihren Ausflugsorten **Breege, Arkona, Altenkirchen, Wiek** (mit Kleinbahn), **der Insel Hiddensee** und retour, resp. **Breege, Hiddensee** (und weiter nach **Stralsund** mit den fahrplanmässigen dortigen Dampfschiffen.)

Ausführliche Fahrpläne des Motorboot-Betriebes in allen Hôtels und Restaurants der Insel Rügen.

Zweimal wöchentlich in der Saison

Extrafahrten Lietzow—Hiddensee u. retour.

Siehe Spezial-Fahrplan. —:— Aenderungen vorbehalten.

Die Direktion. G. m. b. H.

Achtung!

Nicht mehr auf wald'ger Klosterhöh
„Einsiedler wohnt auf Hiddensee"!
Ihr find't am „Vitter-Süderstrand"
Den „Siedler" heut vom „söten Land"!
Im „Strand-Café" beim Wogenrauschen
Könnt Ihr dem eignen Zauber lauschen,
Der unser Eiland rings umschwebt:
Dort draussen wird er „miterlebt":
Kein Gast vergisst wohl je· die Stunden,
Die er beim „Siedler" hier gefunden,
Auf Erika umkränzten Land,
„Im **Strand-Café**" am Vitter Strand!

Alexander Ettenburg.

Am bequemsten via **Neuendorf** per Dampfer „**Strelasund**" und via **Vitte** mit den Dampfern „**Falke**" und „**Caprivi**", wie durch **Abbooten** an der **Fährinsel** mit **allen** Stralsunder Verkehrsdampfern **zu erreichen.**

Führer durch die Insel Hiddensee.

A. Ostseebad Vitte und „Vitte-Süd".

Vitte bildet den grössten Ort der Insel und ist das eigentliche ‚Seebad' Hiddensees, weil es einmal über die meisten Logierhäuser, und zweitens über einen sehr nahen und ausgedehnten Sandstrand verfügt und Arzt und Apotheke im Orte hat. Ganz neuerdings ist durch den Ankauf des „Einsiedlers von Hiddensee" wie durch das von ihm begründete dortige „Strandrestaurant" das südliche, romantische „Vitter Dünengelände" in der Gunst des Publikums sehr gestiegen. Zahlreiche und ausgedehnte Landerwerbungen haben stattgefunden, so dass die Neubegründung der Colonie „Vitte-Süd" bald zur Tatsache werden dürfte. Vitte erhält von seiner festen Brücke ab Sommer 1912 doppelte tägliche und regelmässige Dampferverbindung durch Dampfer „Falke" und „Caprivi" vor- und nachmittags von und nach Stralsund wie nach dem westlichen Rügen, Wiek a. Wittow.

(Siehe die Fahrpläne in diesem Buche.)

„Zur Post"
Restaurant und Pensionat
gegenüber der Dampferbrücke mit prachtvollen Fernsichten.
Zivile Preise! - - - Beste Referenzen!

Kolonialwaren — Kaffee- und Delikatessen-Handlung! Badeartikel.
Frau **M. Nehls.**

A. Spohnholz Restaurant und Logierhaus
„Zur Erholung".

$1/_2$ Minute von der Dampferbrücke und bestrenommiert, empfiehlt Tagespension von 4,50 Mark an. Zwischen 12 und 2 Uhr kleine Diners zu 1,25 Mark. Couvert an der Pensionstafel: 1,75 Mark ohne Weinzwang! Touristenlogis von 2.— Mark an.

Bes.: **A. Spohnholz** geb. Hoge.

Das Haus ist durch Umbau bedeutend vergrössert und erweitert!

E. Schlucks
Restaurant u. Logierhaus

(früh. „Villa Emma" zu Vitte-Süderend)

1 Minute vom eigenen Badestrande mit geräumiger Veranda und neuerbautem

- - Gesellschaftssaale - -

empfiehlt volle Tages-Pension von 4,50 M. an. — Touristenlogis und guter bürgerlicher Mittags- und Abendtisch zu zivilen Preisen. — Fuhrwerk im Hause. — Hausdiener zu allen Dampfern an — — — der Brücke. — — —

Ernst Schluck, Besitzer.

■ ■ ■ ■

P. S.

„**Schlucks Restaurant**" ist die erste und nächste „Mittags-Station" vom „**Strand-Café des Einsiedlers**" her!

Man bittet die Anschlagtafeln zu beachten!

Hotel „Zur Ostsee"

erstes und ältestes Haus am Orte und direkt am eigenen Badestrande gelegen,

mit zeitgemäss eingerichteten hohen Zimmern,

mit Aussicht über Berg, Land und Meer!

Altbekannt. Gute Verpflegung! Zivile Preise!

Fuhrwerk und Hausdiener an jedem ankommenden Dampfer!

Prospekte gratis! **Telephon Nr. 3.**

Ernst Freese, Besitzer.

Im Hotel „Zur Ostsee" schrieb **Gerhard Hauptmann** seine vielberühmte „**Versunkene Glocke!**"

Walter Freese

Grösstes Geschäft am Orte.

: Kolonialwaren und Delikatessen :

❖ ❖ ❖ Konserven, Aufschnitt ❖ ❖ ❖

❖ ❖ ❖ ❖ Räucherwaren ❖ ❖ ❖ ❖

Täglich frisches Gemüse und Obst

❋ ❋ ❋ ❋ Badeartikel ❋ ❋ ❋ ❋

Reichhaltiges Lager in Andenken

❋ ❋ ❋ ❋ ❋ Weine ❋ ❋ ❋ ❋ ❋

❋ Zigarren und Zigaretten ❋

Elegante Logierzimmer in nächter Strandnähe und gegenüber vom „Ostsee-Hotel."

—— **Strandkörbe zu vermieten.** ——

Ostseebad Vitte.

Die Badeverwaltung (Mitgl. des Verb. Deutsch. Ostseebäder — Berlin) übernimmt die Besorgung von ganzen Familienwohnungen und einzelnen Zimmern mit und ohne Pension, versendet (gegen Rückporto) Prospekte und sorgt, wenn möglich, für Unterkommen unangemeldet eintreffender Gäste.

Auskunft erteilt: **Fr. W. Segebrecht**, Schriftführer.

Villa „Meeresgruss"
(Süderend-Vitte)

empfiehlt seine geräumigen Sommerwohnungen mit Küchenbenutzung in nächster Nähe des Strandes. Geschlossene Glasveranda. **Christoph Kradel,** Tischlermeister u. Unternehmer für alle schlüsselfertigen Bauarbeiten. **Eigenes Badezelt und Strand!**

Villa „Elli" (Vitte Süderend)

in unmittelbarer Strandnähe empfiehlt ihre Sommerwohnungen und Küchenbenutzung. **Carl Päper,** Schuhmachermeister u. Reparaturanstalt mit Lieferung in kürzester Zeit!

Carl Rohde (Vitte-Mitte),
——— Brot- und Fein-Bäckerei ———

empfiehlt sich allen Badeherrschaften nebst zeitgemässe Sommerwohnungen zu zivilen Preisen.

Villa „Seestern" (Vitte-Mitte)

ca. 100 Meter vom Badestrand empfiehlt Privatwohnungen mit Balkon und Küchen wie auch einzelne möblierte Zimmer. **Karl Witt,** Schuhwarenhandlung u. Reparaturwerkstatt.

Malte Krabbe's
——— Brot- und Kuchen-Bäckerei ———
(Vitte-Süderend)

empfiehlt sich allen Sommergästen der Insel! **Sommerwohnungen mit Seeaussicht! Eigenes Badezelt!**

FERDINAND SPOHNHOLZ
Bauunternehmer
empfiehlt sich zur
Ausführung sämtlicher Bauarbeiten auf der Insel.

Villa „Seeblick" (Vitte-Süderend)

empfiehlt einzelne hohe Zimmer wie ganze Familienwohnungen mit Küche und Touristenlogis. :: :: :: Prachtvolle Seeaussicht. Fuhrwerke am Hause! :: Eigenes Badezelt und eigener Strand.

Heinrich Schluck, Besitzer.

Schiffer Magnus Hübner
(Vitte-Süderend)

empfiehlt seine zeitgemässen Sommerwohnungen mit Küchenbenutzung in nächster Strandnähe.

—::— Anfuhr von Baumaterialien zu zivilen Preisen. —::—

Hugo Wollner (Vitte-Sprenge).
Aeltestes Saisongeschäft der Insel.

Badeartikel! Andenken! Hüte, Mützen. Bernstein- u. Spielwaren. Konfitüren. Photographische Artikel. Dunkelkammer! Strandaufnahmen. Strandkorb-Verleihung!

Haus Arndt
(Vitte-Norderend)

neu erbaut und zeitgemäss eingerichtet, empfiehlt Familienwohnungen mit Küche und einzelne Zimmer in nächster Strandnähe.

Richard Arndt, Besitzer.

Unternehmer für Bauausführungen jeder Art.

●●●●●●●●●●●●●●●●●●●●●●●●●●●●●●

Villa „Waldemar Schwarz"

empfiehlt zeitgemässe Zimmer mit Balkon und Familienwohnungen mit Küche.

===== Eigener Badestrand am Hause. =====

Waldemar Schwarz,
(Vitte-Mitte). Bäcker- und Müllermeister.

●●●●●●●●●●●●●●●●●●●●●●●●●●●●●●

B. Kloster-Grieben.

Diese beiden kleinen Schwesterortschaften liegen im Norden Hiddensees, am Fusse des bergigen „Dornbuschgeländes", haben ihre besondere Dampferverbindung per D. Hiddensee und Strelasund und werden, namentlich seit den letzten 10 Jahren, viel von Tages-Ausflüglern besucht (siehe Fahrplan), da das Bergland unstreitig den schönsten Teil der Insel bildet. Der Strand ist etwas weiter von den Ortschaften entfernt und nicht so ausgedehnt und geräumig, wie im mittleren Teile Hiddensees.

Gau's Gast- und Logierhaus
„Zum Dornbusch" (früh. „Vater Schliecker").

Aeltestes Haus der Insel mit anerkannt guter Verpflegung.
:: Tagespension von 4,50 M. an. Touristenlogis 1,50 M. ::
:: :: :: :: Mittagstisch von 1,50 M. an. :: :: :: ::
Fuhrwerk am Dampfer. Segel- und Ruderboot zur Verfügung.

Paul Gau, Besitzer.

(Ein zeitgemässer Hotel-Neubau ist in Vorbereitung.)

Haus „Hitthim"
Hotel — Pensionat — Touristenhaus

direkt am Klosterbollwerk, neuerbaut und durchaus zeitentsprechend eingerichtet.

Warme Bäder im Hause.
Unweit die „Seebäder", welche kostenlos sind.
Keine Kurtaxe. :: :: Kein Weinzwang. :: :: Zivile Preise.

Besitzer: C. Häckermann.

Ostseebad Kloster.   **Insel Hiddensee.**

Geeignete Privatwohnung für Sommermieter:

Das kleine Sommerhaus auf der Höhe
am Badestrand, beim Rettungsschuppen,
an der offenen See, 8 Minuten vom Dampferbollwerk,
(Besitzer: Schriftsteller **A. Jürgensohn**).

Entzückendste Lage!   **Prachtvollste Aussicht!**

Schön bewachsenes, hochgeleg. gross. Grundstück, 175 m Seefront, Eigne Badehütte. Gut. Wasser. Im Sommerhause 8 kl. Räume, einfach ausgestatt., aber hoch, luftig, aussichtsreich. Erdgeschoss: 5 Räume u. Keller (gut für 2—4 Pers. mit Bedienung.) Dachgeschoss: 2 Räume mit Vorzimm. u. Balkon (für 3 Betten). Wöchentl. Durchschnittspreis für 1 kl. Raum m. 1 Bett: 10 M. (Dauermieter bevorzugt.)

Ostseebad Kloster-Grieben.

Die Badeverwaltung versendet **Prospekte** gegen Rückporto und erteilt unangemeldeten Sommergästen **Auskunft** über **Wohnungsangelegenheiten.** Keine Kurtaxe. Arzt auf der Insel. Vorzüglicher Wellenschlag. Sandstrand. Bäder kostenlos. Segel-, Ruder- und Angelgelegenheit.
== **Mitglied des Verbandes Deutscher Ostseebäder.** ==

Landhaus Rindermann
in Kloster auf Hiddensee.

Prachtvolle Lage auf der Höhe am Strande.
Weite Rundsicht über Ostsee, Hiddensee u. Rügen.

Städtisch eingerichtete Zimmer,
gute bürgerliche Beköstigung.

Gutes Trinkwasser (Tiefbrunnen).
Eigene Badehütte. Sommerlauben, Loggia,
Veranda.

Zimmer für 15 bis 30 M. wöchentlich, je nach Grösse und Belegenheit; Beköstigung 4 M. auf den Tag und die erwachsene Person.

Anfragen ausserhalb der Sommerzeit sind zu richten an **Johannes Rindermann**, Berlin-Schöneberg, Monumentenstrasse 8.

Restaurant
„Hiddensee"-Grieben (Kloster)
(früher „Schwedische Bauernschänke").
Gartenlokal und beliebtes Pensionat.

Logis mit Kaffee 1,75 M. Tagespension von 4 M. an!
Privatwohnungen (mit Küche) im Orte.
Doppelter Badestrand nach „West" und „Ost"!! Segelgelegenheit!!

Bes.: Frau **Gustel Kollwitz.**

Hiddenseer Fährinsel

die älteste Ueberfahrstelle von Rügen nach Hiddensee
und **bleibender** Touristen- und Radfahrerweg zu den Eilanden!
Segelbootfahrten nach den benachbarten Küsten zu jeder Tageszeit!
Auf der Insel selbst

Hübners Restaurant

und Sommerwohnungen im neuerbauten **„Fährhaus Gau"**.
Verbindungstelephon (Nr. 2) im Restaurant und im Gutshause
„Seehof" auf der Rügenseite. **Die Fährleute.**

- - Vitte-Süd. - -

Das

Strand-Restaurant
und Café

des „Einsiedlers"

empfiehlt sich.

Alexander Ettenburg.
Besitzer und Leiter.

Führer durch das westliche Rügen und Wittow.

Dieser ganze westliche Teil der Insel Rügen mit den Badeorten Breege, Vitt und Arkona-Puttgarten, auf der Halbinsel Wittow gelegen, ist verhältnismässig noch wenig bekannt, da die von der „Ostküste" kommenden Reisenden bisher ihre „Tour" in Arkona abbrachen. Durch das Aufblühen Hiddensees hat aber dieser ganze Küstenstrich an Zielpunkten viel gewonnen und die lieblichen Rügener Stranddörfer Schaprode und das das kleine malerische Vieregge am Fusse des „Hochhilgoors", der höchsten Bergkuppe dieser Gegend, gelegen, werden heute per Segelboot von Hiddensee und Breege viel besucht. Aber auch die Rügenkleinbahn „Bergen-Altenkirchen" bringt uns viel Fremdenverkehr an die Westküste Rügens, der jetzt durch den neu eingestellten Dampfer „Falke" des Kapitän Bentzien von und nach Hiddensee über die Klein-Bahnstationen Wiek a. R. (Heimathafen der beiden Bentzienschen Dampfer „Falke" und „Caprivi" (s. Fahrplan), wie für Radfahrer über „Station Trent" noch eine bedeutende Erleichterung erfahren wird, abgesehen von der Breeger-Lietzower (Bahnstation Sassnitz-Bergen) Motorboot-Verbindung und durch die täglichen Dampfertouren nach Arkona, die von der Ostküste zu uns herüber hierher unternommen werden.

Vater Weidemanns Gasthof
:-: **Schaprode a. Rügen** :-:

erstes und altrenommiert·s Haus des Ortes

empfiehlt Fremdenlogis und angenehmen Aufenthalt bei **Segelbootsausflügen** den geehrten Hiddenseer Sommergästen. Schaprode ist Dampferstation der Linie **Kloster—Neuendorf** a. Hidd.—**Schaprode—Stralsund.** :: :: ::

Franz Schulz, Schaprode

Schlächtermeister und Hauswurstfabrikant

liefert den werten Hiddenseer Sommergästen
∴ allen Warenbedarf prompt ins Haus. ∴
Bestellungen per Postkarte Schaprode, Rüg., erbeten.

Trent auf Rügen (Kleinbahnstation vor Hiddensee).

Tamms Gasthof
Touristen- u. Radfahrweg Sassnitz—Bergen—
Hiddensee—Stralsund

empfiehlt Touristenlogis mit Kaffee zu 1,50 Mark. Mittagstisch 1,25 Mark. Fahrpostverbindung — Schaprode — Seehof — Hiddensee
Carl Tamm, Besitzer.

Vieregge a. Rügen u. Kammin.
Segel-Fährstation.

Vöges Gasthof und Logierhaus.

¼ Stunde vom Hochhilgoor, Touristenlogis und Mittagstisch zu zivilen Preisen. Eigenes Fuhrwerk. Vieregge ist Station des Dampfers „Germania" (Stralsund—Breege via Hiddenseer Fähre). **Otto Vöge,** Besitzer.

Wiek auf Rügen Kleinbahn- und Dampferstation.

Touristen- und Radfahrweg Sassnitz—
Arkona—Bergen—Hiddensee—Stralsund

Hotel Deutsches Haus.

Pension von 4 Mk. an. Touristenlogis mit Kaffee 1,75 Mark. Mittagstisch 1,25 Mark.
C. Rasmus, Besitzer.

Max Schoof, Wiek auf Rügen
Fleischerei und ff. Wurstwaren

empfiehlt sich allen werten Sommergästen der Insel Hiddensee. Bestellungen per Post Wiek a. Rg. werden von den Dampfern „Caprivi" und „Falke" prompt besorgt. **Max Schoof**, Fleischermstr.

Altenkirchen a. Rüg.
(Kleinbahnstation vor Arkona).
Hotel Nordischer Hof
am Touristenwege Arkona—Breege—Hiddensee (Wiek)—Stralsund
empfiehlt Mittagstisch von 1,25 M. an.   Touristenlogis von 1 M. an.
Fuhrwerk im Hause.

Telephon: 29.   **Wilh. Päplow**, Besitzer.

Puttgarten a. Rügen (Arkona).
Carl Müller's Gasthof
neu erbaut und zeitgemäss eingerichtet und am Touristenwege Arkona—Altenkirchen—Wiek—Hiddensee—Stralsund, empfiehlt Touristenlogis von 1 M. an und Mittagstisch von 1,25 M. an. Tagespension von 4 M. an.   **Carl Möller**, Besitzer.

Vitt a. Rügen (bei Arkona).
Wilh. Ewert's Gasthof
Tagespension von 4 M. an. Touristenlogis mit Kaffee 1,50 M. Mittagstisch von 1,25 M. an. Erholungsstation am Strandwege zwischen Breege—Arkona in romantischer Strandlage. Segelboote zu haben.   **W. Ewert.**

Vorgebirge Arkona auf Rügen (Wittow)
Endstation aller Dampfer der Ostküste
mit vorzüglichen Anschlüssen dorthin von Hiddensee und retour!
Christ. Schillings Gasthof.
Tagespension von 4 M. an. Touristenlogis 1,50 und Mittagstisch von 1,50 M. an. Durch die **Breeger—Lietzow (Sassnitz—Bergen) Motorboot-Verbindung**, wie durch den neu eingestellten **Stralsund—Hiddensee—Wieker Tagesdampfer „Falke"** und **Dampfer „Caprivi"** hin und her bequem erreichbar. Fuhrwerk im Hause.   **Chr. Schilling,** Besitzer.

Dranske a. Rügen (Wittow).

Dranske, ein rechtes, echtes Fischerdorf, gegenüber von dem grossen Kirchdorfe Wiek a. R., unweit des Weststrandes von Wittow, und Hiddensee fast gegenüber gelegen, bietet wegen seiner exponierten Aussenlage nach Westen hin, wie Hiddensee, fast ständigen, kräftigen Wellenschlag. **Dranske** wird seit etwa 5 Jahren erst von Sommerfremden besucht, deren Interessen bei dem dortigen, sehr rührigen „**Badeverein**" durchaus in guten Händen sich befinden. Die Nähe der Waldungen auf der schmalen Halbinsel Bug, wie die der ebenfalls bewaldeten Baakenberg-Partie, verbürgen das Aufblühen dieses ganzen „**west**lichen Küstenstriches" unserer Heimatsinsel Rügen! Auch auf den Fremdenbesuch von **Dranske** wird der neu eingestellte **Stralsund—Hiddenseer—Wieker Tages-Dampfer „Falke"** (Kapt. **Bentzien**) sicher fördernd einwirken.

Ostseebad Dranske a. Rügen
(Wittow)

versendet Prospekte (gegen Rückporto) und empfiehlt Familienwohnungen in Privathäusern des Ortes zu zivilen Preisen, sowie volle Tagespension (4 M.) und Touristenlogis mit Kaffee in

Meyers Gasthof.

Mittagstisch hier von 1 M. an. Keine Kurtaxe! Bäder kostenlos!! Sandstrand!! Touristenweg von Hiddensee—Wittow. Posthaus—Dranske—Baakenberg—Arkona. Dampferverbindung per „Caprivi" u. „Falke"-Wiek a. Rügen und D. „Germania"-Breege via Posthaus.

Die Badeverwaltung.

Breege a. Rügen.

Breege, ein wohlhabendes grosses Fischerdorf ist der ältester Badeort des westlichen Rügens, und von Hiddensee aus sowohl über die Fährinsel **direkt mit Dampfer „Germania"** zu erreichen, wie auch via Wiek a. R. mit dem **Tagesdampfer „Falke"** und **„Caprivi"** wie mit den **Booten der Breeger Motor-Gesellschaft**.

Ostseebad Breege auf Rügen.

Zu den beliebtesten Badeorten Rügens gehört seit vielen Jahren **Breege**, ein freundliches Fischerdorf auf der Halbinsel Wittow. Es liegt zwischen dem Breeger Bodden und der offenen See, begrenzt von dem Park Juliusruhe und dem Nadelwalde der **Schaabe**. Der Bodden bietet Fremden Gelegenheit zum Angeln, Jagen, Rudern sowie zu Tourfahrten nach den verschiedenen hübschen Aussichtspunkten. Man erreicht **Breege** p. Bahn Station Stralsund u. weiter p. Dampfer „Germania" mit Durchgangsverkehr von vielen grossen Städten.

Auskunft erteilt die Badeverwaltung.

Waldpark - Restaurant Juliusruh
bei **Breege a. Rügen**

letzte Erfrischungsstation auf der Tour von Arkona, im herrlichsten Buchenschatten gelegen u. dicht am Badestrande, empfiehlt sich.

Reichhaltige Speisekarte. ff. Biere u. Getränke.

Rinow, Besitzer.

Hotel „Am Meer"

mit Villa Seeblick.

1½ Stunden Fussweg von Arkona. Von Stralsund
:-: mit Dampfer „Germania" nach Breege. :-:

Herrliche ruhige Lage inmitten der neuen **Strand-Villenkolonie Juliusruh-Breege**, am Meeresstrand und grossem Nadelwald, eigenen Naturpark (6600 ☐ m gross) und in nächster Nähe der neuen Damen- u. Herrenbäder. (Warmbad). Hoher schöner Speisesaal mit grossen Veranden, 23 behaglich eingerichteten Logierzimmern, teils mit Balkon u. weiter Aussicht auf die Ostsee, Arkona, Stubbenkammer, Lohme, den Bodden und die umliegenden grossen Waldungen. (Wasserklosett im Hause.)
Pension 3,00 tägl., **Logis** wöchentl. von **7 Mk.** an.
Dauerpension sowie **Vor-** und **Nachsaison** billiger. **Touristenlogis 1,50 Mk**. mit Kaffee.
Besitzerin: **Frau Oehlmann.**

Schön's Gasthof (Breege)

(3 Minuten vom Dampferbollwerk)

■ **Tagespension von 3,50 Mk. an** ■
Touristenlogis mit Kaffee 1,50 Mk.
■ **Mittagstisch von 1,25 Mk. an** ■

ff. Biere und Getränke. **Bischof,** Besitzer·

Lockenvitz Gasthof u. Pensionat.

Direkt am Hafenbollwerk gelegen, alt-renommiert mit herrlichen Fernsichten über die Gewässer des Jasmunder Boddens empfiehlt **Tagespension** von **4 Mk.** an, **Mittagstisch 1,50 Mk.** und **Touristenlogis** von **1,25 Mk.** an
◆◆◆◆◆◆◆◆◆◆◆ Fuhrwerk im Hause. ◆◆◆◆◆◆◆◆◆◆◆

Führer durch Rügen und die „Ostküste".

Altefähr a. Rügen. Altefähr ist Stralsund gegenüber gelegen, mit einem Lokaldampfer halbstündlich mit der Stadt verbunden, und Anfangsstation der 1884 eröffneten Rügenstaatsbahn mit ihren stattlichen Trajektschiffen. Hier begründete 1886 der „Einsiedler von Hiddensee" das jetzige Hotel Seeschloss und seine Parkanlagen neben dem prächtigen Stralsunder Waldparke.

Hotel Putbus,

direkt an der Dampferbrücke gelegen, mit windgeschützten Glasveranden. Tagespension von 4,50 M. an. Touristenlogis 1,50 M. Mittagstisch von 1,25 M. an. Am Radfahrerwege Stralsund—Samtens—Bergen—Hiddensee und Sassnitz gelegen. 10 Minuten vom Trajektbahnhofe.

Bes.: Frau **Berg.**

Hotel „Seeschloss"

Haus ersten Ranges. Das ganze Jahr geöffnet. Gegenüber der Landungsbrücke, direkt am Kurpark gelegen. Herrliche Aussicht aufs Wasser, Stralsund, Insel Dänholm, pommersche Küste. Logis von 1,50 Mark, Pension von 4 Mark an. Telephon: Amt Stralsund Nr. 570.

Besitzer: **Herm. Schmietendorf.**

Hotel und Pension „Kurhaus"

in schönster Lage, mitten im Stralsunder Waldparke und nächster Nähe der Seebadeanstalten mit Balkons und prachtvollen Fernsichten. Tagespension von 4,50 Mark an. Logis und Kaffee 2 Mark. Solide Preise! Telephon: Amt Stralsund Nr. 610.

W. Mellüh, Besitzer.

Ausflugs-Restaurant „Grahlerfähre" (bei Bahnhof Altefähr.)

Beliebtes Gartenrestaurant und Segelbootsfahrtenziel! Pension zu zivilen Preisen. 3 Minuten vom Bahnhof Altefähr am Strande gelegen, empfiehlt sich. **Hans Schröder.**

Rambin a. Rügen (Bahnstation).

C. Kochs Gasthof und Logierhaus,

direkt am Radfahrerwege Altefähr—Bergen—Hiddensee—Sassnitz, empfiehlt Touristenlogis von 1,25 Mark an und Speisen und Getränke zu zivilen Preisen.

Bergen a. Rügen.

Bergen ist die Haupt-, Kreis- und Gerichtsstadt von Rügen und gleichzeitig der Knotenpunkt aller Bahnverbindungen der ganzen Insel. Der Rundblick vom Arndt-Turme auf dem Rugard ist weltberühmt.

Rudolf Knaacks Gasthof und Restaurant

Königstrasse,
direkt am Marktplatze und Wege zum Rugard.

Sehenswert wegen der selbstangefertigten Bildhauerarbeiten des Besitzers. Touristenlogis und Kaffee von 1 Mark an. Mittagstisch 1 Mark. ff. Biere und Getränke.

Rud. Knaack, Besitzer.

Axel Mehnke

empfiehlt sich als **Malermeister** für alle vorkommenden Arbeiten dieses Faches. Kostenanschläge und Zeichnungen jederzeit zur Verfügung. Zivile Preise!

Ostseebad Binz a. Rüg.
═ Central-Hotel ═
:-: Pension :-:

Gut bürgerliches Haus.

Table d'hote. — Diner à part.

P. Hüllweck.

N.B. Das ganze Jahr geöffnet.

Führer durch die Ostküste Rügens u. Mönchgut.

Die Ostseebäder Sassnitz—Binz—Sellin und Baabe—Göhren sind sämtlich mit Hilfe der Rügener Staatsbahn oder der Kleinbahnen jetzt auf das Bequemste verbunden und jedem Besucher der Westküste ist eine Besichtigung dieser romantischen Ostküstengeläde zu empfehlen. Nur das kleine romantisch gelegene Ostseebad Thiessow auf der Südspitze Mönchguts ist noch mehr auf die Wasserverbindung durch seinen täglichen Greifswalder Tourdampfer „Kronprinz Wilhelm" angewiesen, wenn nicht in Bälde die längst geplante Automobil-Verbindung Thiessow - Philippshagen (Kleinbahnstation) zur Ausführung gelangt. Zu bemerken ist noch: dass sämtliche Ostküsten-Bäder von Sassnitz bis Thiessow täglich auf dem Wasserwege prompt funktionierende Verbindungen haben.

Central-Hotel Sellin a. Rügen
im Mittelpunkte des Ortes
5 Minuten vom Bahnhof Sellin-West.

Pension von 4.50 bis 6 M. :-: :-: **Table d'hôte 1 Uhr: 1,75 M.**
Touristenlogis mit Kaffe: 2 M.

Telephon No. 4. **Fr. Zobel,** Inhaber.

Hausdiener am Bahnhof und an der Dampferbrücke.

Ostseebad Sellin a. Rügen
Bahnhofs-Hotel Sellin-Ost

empfiehlt Mittagstisch und Logis zu zivilen Preisen.
Familienpensionat. Direkte Waldlage.
Otto Plümer, Besitzer.

Strandschloss Sellin-Ostende
(Kurhaus Hospiz) bei Baabe auf Rügen,
mit der Einfamilienvilla „Thea".

Zwischen Sellin und Göhren, Station Baabe. I. Ranges. Wundervolle Lage, direkt am flachen Strande. Treffpunkt der Selliner und Göhrener Gäste im vornehmen Restaurant, Konditorei und Café. Kalte Seebäder vor dem Hause, :-:-: warme Seebäder im Hause. Prospekte. :-:-:

Ostseebad Baabe a. Rügen
(Mönchgut).

Baabe ist die Vermittelungsstation des Verkehrs zwischen der Ost- und Westküste Rügens mit Hilfe des Stralsunder Salondampfers „Käthe", der mehrmals wöchentlich das Bollwerk in Baabe anläuft und über Lauterbach—Putbus—Stralsund—Hiddesee bis nach Breege (auf Wittow) seine Fahrten ausdehnt, eine Tour, die heute noch immer viel zu unbekannt ist und daher auch zu wenig benutzt wird, zumal von Stralsund aus jetzt 4 mal regelmässiger Tages-Dampferverkehr nach Hiddensee stattfindet. (S. Fahrplan „Käthe".) Baabe ist auch Kleinbahn-Station.

Hotel Seestern, Baabe.
Familienpensionat, Restaurant, Café und Konditorei.

12 Minuten vom Hafenbollwerk, 3 Minuten vom Bahnhofe und 5 Minuten vom Strande, direkt am Walde gelegen. Mittagstisch von 1,50 Mk. an. Prospekte gratis.

W. Gips, Besitzer.

Ostseebad Göhren auf Rügen (Mönchgut)
Strand-Hotel

in der Nähe des Strandes und des Bahnhofes. Haus I. Ranges. Pension von 5 Mk. an. Table d'hote 1 Uhr. Mittagstisch zu kleinen Preisen, 1,25 Mk., von 12—3 Uhr.
Touristenlogis. Vereinen Ermässigungen.
∴ Durch den Deutschen Offizierverein empfohlen. ∴

G. Dunker, Besitzer.

Waldhotel Göhren
erstklassiges Hotel und Pensionat

in schönster Lage, auf hohem bewaldeten Strande, dicht über dem Bahnhofe gelegen, nächst der Bäder.

Vorzügliche Verpflegung. Zivile Preise.

M. C. Richert, Besitzer.

Ostseebad Thiessow a. Rügen (Mönchgut),
Strand-Hotel,

I. Haus am Platze und best-renommiertes Familien-Pensionat mit durchaus zivilen Preisen! Vorzügliche Verpflegung! Schönste Strand- und Waldlage im Orte! Prospekte gratis.

C. Koos, Besitzer.

P. S.

Thiessow hat doppelten Badestrand: nach „Ost und West"! und tägl. Dampferverbindung nach Greifswald per S.-D. „**Kronprinz Wilhelm**."

Greifswald.
Hotel „du Nord",

erstklassiges Haus bei zivilen Preisen, empfiehlt sich.

Flottrong, Besitzer.

Schlusswort des „Einsiedlers".

Ich hab versucht, den „Kranz" zu winden,
Von schönen Orten, weit und breit!
Im Rügenland ist ja zu finden
„Das Schöne", glaubt's, zu jeder Zeit:
Ob Eisesgürtel uns umgeben,
Ob Frühlings-, Herbstes-Stürme weh'n — —
Ob golden-sonnig Sommerleben:
Des Eilands „Schöne" bleibt bestehn!! — — —
Und was dem ganzen Rügen eigen:
Der Inselzauber seltner Pracht,
Wird auch „**auf Hiddensee**" sich zeigen,
Im Sonnengold — in Vollmondnacht:
Die baut dann silbern hin zum Strande
Vom „Mutterland" den Brückensteg:
Auf **Rügen** und im „**söten Lande**"
Zum „Schönen" führt ein „Zauberweg"!!

Vitte-Süd, 1912.   **Alexander A. Ettenburg.**

Achtung!
Terrainankäufe und Baustellenerwerb am Ostseestrande

im Dünengelände zu „Vitte-Süd" vermittelt

der Einsiedler **A. Ettenburg,**

Besitzer des Strandrestaurants und Cafés.

Führer
durch
Stralsund.

■■■■

══ Tarife: ══

Droschken: Haltestellen auf dem Alten Markt, dem Neuen Markte und am **Hauptbahnhof,** 1—2 Personen in der Stadt und dem Hafen 50 Pf., 3—4 Personen 70 Pf., nachts 70 Pf. bezw. 1 Mk.; zwischen Stadt und den Vorstädten (Bhnf.) 1—2 Personen 70 Pf., 3—4 Personen 1 Mk., nachts 1 Mk., bezw. 1,50 Mk. Koffer 20 Pf., Handgepäck frei. Zeitfahrten die Stunde 2 Mk., jede weitere Viertelstunde 50 Pf. **Autos** haben Taxametersatz.

Bootsfahrten auf dem Knieperteich. Die Stunde 50 Pf. Station: An der Knieperwallstrasse.

Polizei. Hauptwache im Erdgeschoss des Rathauses.

Dienstmänner. Stand unter dem Rathause nach der Badenstrasse zu. Tarif für einen Gang in der inneren Stadt mit Handgepäck 50 Pf., für grösseres Gepäck 0,60—1,00 Mk.

Stralsund,

die altberühmte Hansastadt mit weitgehender geschichtlicher Vergangenheit, am Strelasunde, Rügen gegenüber gelegen, kann als Ausgangs-Station für den Fremdenverkehr nach der Insel betrachtet werden. Die herrlichen Kirchen der Stadt, ihr rein gothisch gehaltenes Rathaus und andere alte Baudenkmäler sowie die eigenartige wundervolle Teich-Umgebung Stralsunds, mit **Altefähr** und **Devin** in der Nähe, bieten dem Besucher angenehme Stunden bei seinem Aufenthalte und ist ein solcher jedem Durchreisenden nur zu empfehlen.

Fährhotel

direkt am Dampferbollwerk für Hiddensee—Breege (Arkona) und Altefähr.

Glasveranda mit prachtvoller Seeaussicht. ✠ ✠ ✠ ✠
✠ ✠ ✠ ✠ ✠ ✠ Vorzügliche Betten von 1.50 Mk. an.
Gute Küche à la carte.

Telephon 155. **E. Sparre**, Besitzer.

„Zur Sonne"
Gast- und Logierhaus

Fernsprecher 672. **Stralsund** Fernsprecher 672.

Badenstrasse 28, Ecke Wasserstrasse.
In nächster Nähe des Hafens gelegen.
=== **Logis mit Kaffee Mk. 1,40.** ===

~:~ Gasthof „Insel Rügen" ~:~
Wasser- und Fährstr.-Ecke und dicht am Hafen.
☐ ☐ **Fremdenlogis mit Kaffee 1,40 Mk.** ☐ ☐
☐ ☐ ☐ **Mittagessen von 1 Mk. an.** ☐ ☐ ☐
½ Minute von den Hiddenseer Dampfern entfernt.
Wilh. Tietz, Besitzer.

Rathaus-Bierkeller.

Restaurant I. Ranges.

Sehenswürdigkeit :: dicht neben der Nikolaikirche.

Eingang: Alter Markt und Buttergang.
Haltestelle der Strassenbahn.

Ausschank von
ff. echten u. hiesigen Bieren.
Warme und kalte Speisen

zu jeder Tageszeit.

Mittagstisch von 12—3 Uhr.

Bierhandlung en gros und en detail.

Versand nach ausserhalb.

——— Fernsprecher No. 45. ———

Inhaber: **Franz Klemm.**

Besitzer des neuen Hotels Artushof am alten Markt.

Stralsundische Vereinsbrauerei

G. m. b. H.

Telegramm-Adresse: Contor: Ossenreyerstr. No. 7
Vereinsbrauerei   Telephon-Anschluss 55

Checkkonto bei der Neuvorpommerschen
Spar- und Creditbank, A.-G. Stralsund

Postscheckkonto Berlin, 4646

empfiehlt ihr
anerkannt vorzügliches Bier
in Gebinden und Flaschen.

Brauerei-Ausschank

vis à vis **dem Rathause.** Prompter Versand nach ausserhalb bei genügender Vorherbestellung durch die :: **Hiddenseer Dampfschiffe.** ::

Eigene Niederlagen:

Greifswald, Steinbeckerstr. 4. Telephon 217.
Wolgast, Wilhelmstr 64. Telephon 346.
Demmin, Anklamerstr. 19. Telephon 359.
Rostock, Neuer Markt 22. Telephon 81.
Ribnitz, Gänsestrasse 283. Telephon 70.

Konditorei und Café
Ed. Mehlert
Alter Markt 16, Ecke Fährstr.

Vornehmstes Café am Platze.

:-: 1 Minute vom Dampferbollwerk :-:

Früher langjähriger Ober-kelln. d. Rathausbierkellers.

Bürgerressource-Garten
Knieperdamm 5. Telephon 53.

Schönstes und weit berühmtestes
:-: **Gartenlokal** Stralsunds. :-:

Mittagstisch von 12—3 Uhr. :-: :-: :-: :-: ff. Kaffee.

Max Beversdorff, Oekonom.

Die Konditorei von
Tehnsen & Boelck
vormals C. Liss

Stralsund, Alter Markt No. 9

empfiehlt den Versand von
**Torten, sowie feines Kaffee- und Teegebäck.
Alles nur erstklassige Ware.**

Stralsunder Warm- und Kurbad

Telephon 482.   **Sarnowstr. 5.**   Telephon 482.

**Elektrische Lichtbäder, Vierzellenbäder,
Dampfbäder, Massage u. Medizinalbäder.**

===== Pension im Hause. =====

A. Athenstädt

Mönchstraße 10.

Mineralwasser- u. Limonaden-Fabrik.

Alkoholfreie Getränke.

Prompte Lieferung nach außerhalb.

L. Holtfreter, Stralsund,

Getreide - Dampf - Brennerei,
Presshefefabrik u. Destillation

Gegründet 1785 Fernsprecher 44

empfiehlt seine Fabrikate.

Spezialität:

Alter Stralsunder Korn

in vorzüglicher Qualität,
entsprechend den gesetzlichen
Vorschriften hergestellt.

Carl Wothke
Kognakbrennerei und Dampfdestillation
Stralsund, Heilgeiststrasse
enpfiehlt besonders:
Alten fein. Kognak, Stralsund. Korn,
Sherry Brandy, Kurfürsten.

Gebr. Wotschke,
Wasserstr. 69. Stralsund. Telephon 188.

Destillation, Likör-Fabrik und Weinhandlung.

Spezialität:

Versand von „Stralsunder Korn".

Alle, die aus der Ferne zu uns kommen, wollen nicht verfehlen, den weltberühmten

„Stralsunder Korn"

zu probieren.

Versand in Flaschen und Postfässern.

Struck & Schroeder Nachfl.
Telephon 138. Stralsund Telephon 138.

A. Salchow
Stralsund, Fährstrasse 4.

Wasch- u. Plättanstalt

Uebernahme sämtlicher Wäsche sowie Kleider und Blusen.

Spezialität: Feine Herren-Wäsche.

C. Faust junior

Stralsund und Sassnitz

Telef. 31.   Telef. 3.

Spedition und Möbeltransport, Lohn- und Lastfuhrwerk, Kohlen-, Briketts-, Torfstreu- und Eishandlung.

Übernahme und Verpackung ganzer Wohnungs-Einrichtungen, eigene Verschlussmöbelwagen ohne Umladung.

Helle u. trockene Lagerräume.

Expedition

der Dampfer

„**Wilhelm Lüdke**", Kapitän Laasch,
„**Stadt Stralsund**", Kapitän Christlieb,
„**Stralsund I**", Kapitän Raddatz,
  Reederei F. W. Fischer, Rostock,
„**Barth Paket**", Kapitän Hansen,
  Reederei J. N. Rodbertus, Barth,
„**von Schill**", Kapitän Gombert, ⎫
„**Stadt Barth**", Kapitän Kröning, ⎬ eigene Dampfer
  und des Passagierdampfers ⎭
„**Käte**", Kapitän H. Lerch.

—— Siehe Fahrplan. ——

Dehmlow & Möllhusen Nachf.

Inhaber: **Paul Wahl** und **Christian Lange**.
Mönchstrasse 6/7. **Fernsprecher No. 16.**
Baugeschäft und Baumaterialien - Handlung.

Uebernahme ganzer Bauten.
Anfertigung von Entwürfen und Kostenanschlägen.

H. Zapfe

Inh.: **Ewald Vierkant,**
Fernruf No. 171 **Stralsund** Frankenstrasse 37
ist das älteste und grösste
Dachdeckereigeschäft
der ganzen Umgegend.

Gustav Andrasch

Wasserstrasse 74, dicht am Dampferbollwerk,
empfiehlt seine **Bauklempnerei** allen Interessenten auf Hiddensee und dem gesamten westlichen Rügen. Reichhaltiges Warenlager! **Prompte Ausführung von Reparaturen** aller häuslichen Gerätschaften.

Guido Fraenkel

Wasserstrasse 79. **Telephon 120.**

Sämtliche Eisenwaren für das Baufach.
Träger, Schienen, eiserne Kochherde,
- - - Öfen, Bettstellen etc. - - -

C. J. Drews

Möbel-Fabrik

Gegründet 1844. **Stralsund** Fernsprecher 485.

Semlowerstr. 31.

Lieferung vollständiger

Hotel-, Villen- und **Landhaus-Einrichtungen.**

Extra-Anfertigungen
nach besonderen Entwürfen.

Prompte Bedienung. ☐ Solide Preise.

Paul Strietzel,
Möbeltischlerei, Badenstrasse 31.

Lager moderner Möbel, Spiegel und Polsterwaren.
Spezialität:
Anfertigung kompletter Aussteuern
Billige Preise! **Reelle Bedienung!**

Richard Belter,
Installationsbureau für Elektrotechnik,
Fernspr. 428. **Stralsund** Heilgeiststr. 27.
Elektrische Licht- und Kraftanlagen,
Schwachstrom- u. Blitzableiteranlagen.

Philipp Weyergang Sohn
Stralsund
Fernruf 24 **Wasserstrasse 71/72** Gegr. 1816
3 Minuten von den Anlegebrücken entfernt.

Aeltestes und grösstes Einrichtungsmagazin für Haus, Küche und Hotel.

Spezial-Abteilung:
✹ SPIELWAREN ✹
Strandartikel
Fahnen in allen Farben. Wimpelketten.
Lampions. Triumphstühle. Segelschiffe.
Reiche Auswahl in Geschenkartikeln für Vereine und zu Kinderfesten.

Ansichtssachen, Reise-Andenken.
Jagdutensilien und Munition.

Reinhold Krüger

(Inh.: Jul. Sandhoff)

Badenstrasse, dem Rathause gegenüber.

Magazin
für Haus- und Küchen-Einrichtungen.
Eisen- und Kurzwarenhandlung.

Spezialität:
„Transportable Küchenherde".
Zaun-, Drahtgeflechte und Bauartikel aller Art.
Patronen- und Jagdutensilien.

Fernsprecher Nr. 18.   Fernsprecher Nr. 18.

Moritz Joseph

Inh.: C. & G. Joseph.

Fernsprecher 90.   Stralsund.   Fährstrasse 19.

Lager sämtlicher Eisenwaren.

Spezialität:

Baubeschläge, Drahtgeflechte, Kochherde.

Betten

Bettstellen ∴ Steppdecken

kaufen Sie am vorteilhaftesten im

Spezial-Betten-Geschäft
Julius Biel Sohn.

Stralsund, Ossenreyerstr. — — — **Coblenz.**

C. RITTER

Inh.: **Paul Ritter**

Heilgeiststrasse 83. Stralsund. Heilgeiststrasse 83.

:-: :-: Fernsprecher Nr. 399. :-: :-:
:-: Haltestelle der Strassenbahn. :-:

Fabrik und Lager

von

Pelzwaren, Hüten in Filz, Stroh und Stoff, Mützen u. Filzwaren.

Ausstopfen von Vögeln u. Säugetieren.

Achtung!

Man frug mich oft: in welchem Land
Ich jetzt endgültig wohne?
„Auf Hiddensee am Vitter Strand"
Als „Dünenfürst" ich „throne"!
Und um mich her kauft billig man
Sich jetzt „am Strand" „Provinzen" an! —
Zwar rauscht nicht mehr der Tannenwald
Zum Fenster mir herein:
Dafür der Sang der Wogen schallt
Zu mir ins Kämmerlein!
Und über mir so lieb und traut
Die Lerche singt ihr Lied,
Sie grüsst, wie ich, dich Wellenbraut — —
Und — alle Sorge flieht!

A. Ettenburg, Einsiedler.

Vitte-Süd, 1912.

Jagd- und Angelgeräte, Munition aller Art,
Jagdgewehre, Teschings, Revolver usw.

Gustav Bäsell, Stralsund,

Ossenreyerstrasse 11.

C.W. Durow Nachf.,

Heilgeiststrasse 47.

Kolonialwaren-, Delikatessen- und Konserven-Handlung.

——— Weinhandlung. ———

ff. Butter und dto. Käse.

Aufträge nach ausserhalb werden
prompt und schnell ausgeführt.

Telephon No. 175.

Spezialität:

Gebrannte Kaffees.

Otto Koch,
Stralsund,
Fernruf 430.   Wasserstrasse 65/66.

Logierhaus-Einrichtungen
in Glas, Porzellan, Lampen,

sowie

sämtlichen Wirtschaftsartikeln.

=== Rabattmarken. ===

Reserviert
für das im Bau begriffene neue Hotel

„Artushof"
am Alten Markt in Stralsund.

Besitzer: **Klemm**, Ratskellerpächter.

Julius Dahms,
(gegründet 1887)

Wasserstr. 75/76, dicht am Hafen.

Glas- u. Porzellanwaren-Handlung,
Villen- und Hotel-Einrichtungen, Brautausstattungen.

Kachelofen-Niederlage, Luxuswaren und Andenken.

Telephon 387.

W. Bergholz Nachf. (A. Steinthal),

Buchhandlung, Musikalien- u. Kunsthandlung,

Stralsund, Fernsprecher 552

empfiehlt sich zur Lieferung von Büchern und Musikalien

—— **franko Hiddensee.** ——

Musikalien-Leihanstalt.

H. Ahrens Nachf.

Inh. **C. Stabenow**, Juwelier,

Stralsund, Badenstr. 2, vis à vis vom Rathause,

Juwelen, Gold- u. Silberwaren

Eigene Werkstätte für Neuarbeit u. Reparaturen.

—— **Fernsprecher 603.** ——

Franz Oldenroth,

Papier-, Malutensilien- u. Lederwarenhandlung,

Ossenreyer- u. Badenstrassen- Ecke, dicht am Rathause.

== **Ansichts-Postkarten.** ==

Bestellungen nach ausserhalb werden prompt effektuiert.

Drogerie R. Schroeder,

Ossenreyerstr. 12 (dicht am Rathause).

Spezialität:

Photographische Bedarfsartikel,
Toilette-Gegenstände, Farben,
Firnisse und Lacke.

Ernst Emil Winter,

Stralsund, Wasserstrasse 28, Fernsprecher 323.

Bekleidung für Herren und Knaben, sowie für Jagd, Sport und Beruf.

Zivil- und Uniform-Schneiderei.

Stets Stoff-Neuheiten deutschen und engl. Fabrikats.

Hüte, Mützen, Wäsche, Schirme etc.

Louis Putzbach

Gegründet 1879. Inh.: **ALBERT LOOKS** Fernsprecher 477.
Baden- und Klein-schmiedstr.-Ecke. ∷ **Stralsund** ∷ Baden- und Klein-schmiedstr.-Ecke.

=== Spezial-Wäsche-Geschäft ===

Leinen-, Weiss- und Wollwaren-Handlung

(Grösstes Spezialgeschäft am Platze.)

ALFRED GÄDT,

Stralsund. Am Rathaus.

Herrenmodeartikel, Handschuhe all. Art

Hervorragende Qualitäten. Enorme Auswahl.

Carl Stolpe,

Handelsgärtnerei,

Fernspr. 334. **Stralsund.** Hainholzstr. 17.

Grösste Obst- u. Gemüse-Kulturen

am Platze.

Verkaufshalle

nur 3 Minuten von den Dampferstationen entfernt.

Erich Behl, Stralsund

Fernspr. 222 **Knieperstr. 15.** Fernspr. 222

Kolonialwaren, Delikatessen, Konserven,
:-: :: Tee, Konfitüren, Kaffee. :-: :-:

Wild, □ **Geflügel,** □ **Fische.**

PAUL SCHIEBUHR

Telephon 117. **Wasserstr. 22.** Telephon 117.

■■■■ **Kolonialwaren.** ■■■■

Spezialität: **gebrannte Kaffees.**

Abt. II: **Zigarren und Tabake.**

Gust. Schröder

C. J. Rasmus Sohn Nachfolger.

Fernsp. 225. **Wasserstr. 78,** Ecke Wochenmarkt.

Kolonialwaren und Delikatessen.
:: Teer, Karbolineum, Farben, ::
Sämereien.

OTTO BORGWARDT,

Wasserstr. 39. — Fernsprecher 190.

: **Colonialwaren- und Samenhandlung.** :

Delikatessen! Spez.: Konserven aller Art!

Dampfkaffee-Brennerei.

Bestellungen nach ausserhalb prompt und sicher.

Otto Stabenow

Fritz Pauls Nachf.

Wasserstr. 3. Fernsprecher 110.

Kolonialwaren und Schiffsausrüstung.

Sämereien! Spezialität: Konserven aller Art!

Farben, Fette, Oele, Teer.

Ludwig Mahnke,

Bäckerei und Konditorei,

Wasserstrasse, in allernächster Nähe des Hafenbollwerks,

empfiehlt

täglich frische Backware

nach ausserhalb wie Hiddensee bei gewissenhafter Ausführung.

Aug. Harks,

Ossenreyerstr. 29.   Telephon No. 30.

ff. Fleisch- u. Wurstwaren!

Prompter Versand nach ausserhalb, wie nach Hiddensee zugesichert.

Carl Zander,
Bäckerei und Konditorei mit Café,
Wasserstr. 64, dicht am Hafen,
empfiehlt den
Versand tägl. frischer Backware.

Franz Lüder, Stralsund.
84 Heilgeiststrasse 84.
Vertrauenswürdige Bezugsquelle für
Uhren, Ketten und Goldwaren.
Eigene Reparaturanstalt.

R. Wegners
Dampffärberei und Chem. Waschanstalt
Heilgeiststrasse 42.
Aufträge (per Dampfer) werden in kürzester Zeit erledigt.

Pahnke & Viernow
Inhaber: **Max Viernow**

Holz- u. Baumaterialiengeschäft
Dampf-Säge- und Hobelwerk

Fernsprecher Nr. 98 **Stralsund** Kontor: Heilgeiststr. 61

unterhalten stets grosses Lager in allen
Baumaterialien
und empfehlen besonders:

Verlegefertige Fussböden aus nordischer Kiefer u. Redpine, Bauholz in allen Dimensionen, alle Arten Bretter, Latten, Kalk, Cement, Gips, Gipsdielen, Rohrgewebe, Dachpappen etc. etc.

Druck der Königlichen Regierungs-Buchdruckerei
in Stralsund.